戊辰戦争敗北を
バネにした男たち

原敬と新渡戸稲造

佐藤竜一
SATO Ryuichi

現代書館

原敬と新渡戸稲造

——戊辰戦争敗北をバネにした男たち

はじめに

戊辰戦争で奥羽越列藩同盟に属し、新政府軍に敗れた盛岡藩は賊藩とされ、薩長藩閥政府である明治新政府ではほとんど活躍の舞台が与えられなかった。

旧盛岡藩の人々にとって「朝敵」の汚名を挽回することが第一に必要で、そのこともあり盛岡藩は版籍奉還をかなり早い時期に行っている。

戊辰戦争敗戦後に藩主となった南部利恭《なんぶとしゆき》は、人材の育成に積極的に取り組んだ。戦争の混乱の中で休止していた藩校作人館を復活させ、自身も旧家臣の子弟と共に学んだ。また、明治三(一八七〇)年、南部利剛《なんぶとしひさ》・利恭親子は東京に英語塾である共慣義塾《きょうかんぎじゅく》を創設し、旧盛岡藩領出身で、優秀な子弟を就学させた。

共慣義塾に関しては後でも触れるが、この塾からは内閣総理大臣となった原敬《はらたかし》、国際連盟事務次長として活躍した新渡戸稲造《にとべいなぞう》、国際的な物理学者となった田中舘愛橘《たなかだてあいきつ》などが輩出した。南部家は人材を輩出することで朝敵の汚名を挽回しようとしたが、その目的は十分に達成されたといってもよい。

共慣義塾に学んだ原敬と新渡戸稲造は盛岡藩が生んだ人材の双璧で、ふたりとも盛岡藩出身であるという意識を生涯持ち続け、賊藩出身というマイナスをバネに奮闘しつつ生きた人である。

原敬は大正七（一九一八）年九月、第十九（十八人目）代内閣総理大臣に就任した。東北出身者としては初めての内閣総理大臣であり、陸相、海相、外相以外はすべて政友会会員を当てた最初の政党内閣だった。評論家の福田和也は「原内閣は、多くの成果を残している。シベリア撤兵の道筋をつけ、また台湾、朝鮮の総督を武官から文官に開放するなど軍の政治力を抑える一方、八八艦隊を建造して海軍力の近代化に努めてもいる。米騒動以来の物価高騰の抑制に成功し、税制を改革した。国立大学の増設など高等教育の充実、鉄道網の整備、重工業の振興など、明治国家からよりモダンな国へと日本が脱皮するために原がなした功績は大きい」（『総理の値打ち』）と高く評価している。

一方の新渡戸稲造は農学者・教育者として活躍した。一九〇〇年に英文で発表した『武士道』は日本人の精神世界を広く知らしめる名著として世界的なベストセラーになった。その後、東京帝国大学教授、東京女子大学初代学長などを経て、一九二〇年には国際連盟事務次長に就任し世界平和に貢献した。一九八四年に発行された五千円札の肖像となったことでも知られている。

とはいえ、原が日々の記録を克明に記した日記には、新渡戸稲造の名は二度しか登場しない。そのこともあり、ふたりの関係を紹介した本は少ない。内川永一朗『デモクラシー　原敬と新渡戸稲造』が目に付く程度である。父親（星一、星製薬の創業者）が新渡戸稲造や後藤新平と親交があった作家の星新一は「新渡戸の伝記でもうひとつふしぎなのは、大正デモクラシーの一時期を築き上げた原敬との交友が、ぜんぜん出てこないことだ」（『明治の人物誌』）と疑問を投げかけている。

かといって、ふたりの関係が薄いというわけではない。佐藤昌介、太田時敏《ときとし》、後藤新平らは皆、ふたりと密接な関係にあった人々である。

本書はそれらの人々の軌跡を丹念に追うことで、原敬と新渡戸稲造との繋がりを読み解こうとするもので、原敬が亡くなる大正十（一九二一）年までを取り扱った。

「第一章　原敬と大慈寺《だいじじ》」では、原敬のルーツを紹介した上で、原家の菩提寺となった大慈寺を原が再建する経緯をたどった。原は政治家として大成したが、その過程で葛西重雄と接点を持つ。重雄は選挙で協力するなどで原を支えたが、重雄の養子である萬司《まんじ》が設計した東京駅で原が暗殺されたことに不思議な縁を感じる。

「第二章　盛岡藩と戊辰戦争」では、幕末の盛岡藩がどのような経緯で戊辰戦争に巻き込まれていったのかをまず、紹介した。戊辰戦争で敗れた盛岡藩は賊藩とされたが、原敬と新渡戸稲造は共に盛岡藩士の家系に生まれ、上京することで活路を拓こうとした。原はフランス語、新渡戸は英語という違いはあったが、共に語学力により人生を切り拓いていったという共通点がある。新渡戸の叔父である太田時敏は、後に原とも密接な関係を築くことになる。

「第三章　佐藤昌介《さとうしょうすけ》と北海道帝国大学」では、原・新渡戸と共に親しい関係にあった佐藤昌介の軌跡をたどった。新渡戸にとって、昌介はよき兄貴分で、昌介との出会いが人生を決定したといっても過言ではない。佐藤昌介は北海道帝国大学初代総長に就任するが、札幌農学校から帝国大学への昇格の決定をしたのが盛岡藩校作人館での同期生原敬だった。

「第四章　原敬と岩手公園」では、原と南部家との関係を中心に紹介した。後に政治家として大成する原だが、まず外交官として頭角を現し、その糸口をつかんだ。元々盛岡藩家老の孫として生まれ、南部家との関係が深い原だが、「昇り竜」のように出世階段を駆け上がっていた原に注目したのは新渡戸の叔父で南部家家令の任にあった太田時敏だった。原と太田は二人三脚で南部家を支えた。岩手公園（盛岡城跡公園）はその象徴的な存在だった。

「第五章『南部史要』をめぐって」では、原が盛岡藩史編纂に至る経緯をたどった。原は生涯、盛岡藩出身者としての出自にこだわりを見せたが、盛岡藩史である『南部史要』の刊行はそのことを如実に物語っている。原は出版費用を用意し、時間をかけて完成にこぎつけた。

「第六章　原敬内閣の誕生」では、政治家として頭角を現した原が東北で初めての内閣総理大臣に就任するまでを紹介した。新渡戸の名は『原敬日記』の中に二度登場するが、原はむしろ、新渡戸と親しかった後藤新平を介して新渡戸と繋がっていたといえるかもしれない。政治家として頂点を極める前に、原は盛岡で「戊辰戦争殉難者五十年祭」を開催するが、賊藩の汚名を晴らすことができ感慨深いものがあったと推測される。

「第七章　国際連盟をめぐって」では、国際連盟事務次長として活躍した新渡戸を主に紹介した。第一次世界大戦の反省から生まれた国際組織である国際連盟が生まれたのは、原敬内閣の時代だった。国際連盟で初代事務次長となった新渡戸は、原の庇護の下で活躍したともいえる。

「第八章　原敬暗殺」では、大正十（一九二一）年十一月四日に原が東京駅で暗殺された経緯をたどった。その知らせをジュネーブで聞いた新渡戸は、大きな衝撃を受けた。新渡戸は自らが提唱した「平民道」の実践者として原に期待していたのだった。

安政三（一八五六）年に生まれた原敬は、今年（二〇一六年）生誕百六十周年を迎えた。

本書を読み、改めて原敬と新渡戸稲造の遺した遺産について考えてもらえたらとてもうれしく思う。

原敬と新渡戸稲造＊目次

戊辰戦争敗北をバネにした男たち

目次

第一章　原敬と大慈寺

第一節　原敬のルーツ

方長老を頼って盛岡に

原敬のルーツは近江の国にあった浅井家にさかのぼる。織田信長の妹お市の方が嫁いだ浅井長政の曽祖父の弟定政は、浅井家始祖重政の母の実家三田村家を継いだ。天正元（一五七三）年に浅井氏は信長に滅ぼされるが、難を逃れることができた一人の幼児がいた。三田村太郎右衛門政武である。太郎右衛門政武は後に高松城主生駒氏に五百石で仕えたが、その次男平兵衛が原敬の元祖である。

浅井家から出た三田村平兵衛は盛岡藩に在住していた対馬の高僧・方長老《ほうちょうろう》を慕って盛岡にやって来た。平兵衛は結婚して妻の姓を名乗り原政澄《まさずみ》と改名した。原家初代政澄は寛永十（一六三三）年盛岡藩三代藩主南部重直《なんぶしげなお》に召し抱えられ、糠部郡《ぬかのぶぐん》福田村で知行百石を拝領した。

岩手県民会館近くにある方長老ゆかりの庭石

三田村家は学問に優れた家柄だったというが、その流れは原家に引き継がれた。

方長老は対馬藩主宗義成《そうよしなり》の従弟で、筑前（現福岡県）に生まれた。名は規伯、以玄と称した。出家して臨済宗以酊庵主となり、朝鮮の事情に通じていたために重用されたが、朝鮮との修好公文書を改竄したことが露見して盛岡に流刑となったのは寛永十二（一六三五）年のことだった（一ノ倉《いちのくら》則文《のりふみ》編『用語　南部盛岡藩辞典』）。このとき方長老は四十八歳である。

盛岡藩では薪水料五百石を与えて、方長老を厚く遇した。法泉寺門前に住んだ方長老はその厚遇に報い、持っている知識を惜しみなく周囲に与えた。寛永十八（一六四一）年徳川幕府は諸侯に命じて系譜を提出させたが、盛岡藩三代藩主南部重直の依頼により初代南部光行から始まる南部家系図を作成したのは方長老である。

また、野草の甘野老《あまどころ》に不老長寿の漢方薬「黄精《おうせい》」と同じ成分があると伝えたのも方長老で、その教えにより黄精飴が作られたが、これは現在でも盛岡を代表する菓子のひとつであり、藩政時代には献上品としても使用された。文化五（一八〇八）年十一代藩主南部利敬《なんぶとしたか》の時代に、盛岡藩は十万石から二十万石へと石高が上がったが、彦根藩主の井伊家（後に大老の役職を担った）へのお礼として献上された記録が残っている。清酒の醸造法や牛乳を伝えたのも方長老で、方長老を慕い盛岡にやって来る人々は多かった。現在も文具商として盛岡で営業を続けている木津屋の初代・藤兵衛もそのひとりで、藤兵衛は元々織田家の武士だったが、方長老に勧められ、盛岡に根付く決心をしたという。

明暦四（一八五八）年四月二十五日、徳川二代将軍秀忠七回忌の恩赦により、方長老は二十四年に及んだ盛岡での生活に別れを告げて、江戸に戻った。盛岡藩ではわざわざ賄方《まかないがた》や足軽数人を付けて江戸に護送したという。そういった方長老の加護があり、原家は盛岡藩に仕えることになったと推測される。

菩提寺が大慈寺に

盛岡市大慈寺町にある大慈寺は原敬の菩提寺である。境内に入ってすぐの所に原敬の墓がある。丈が短い質素な墓で、妻浅の墓と仲良く並んで建っている。

元々原家の菩提寺は盛岡の浄土宗光台寺だった。菩提寺が変わったのは、御勘定頭を務めた原家三代原茂兵衛政親《まさちか》の時代である。茂兵衛は幼少より学才があり、儒学派の有力者となったが、元禄年間、盛岡藩五代藩主南部《なんぶ》行信《ゆきのぶ》の時代に、世継ぎである信恩《のぶおき》の廃立運動に連座した結果、家禄を没収されて失職、城外に追放される憂き目にあった。

行信の妻「お蓮の方」は元お紺といい、父岩井与一郎はキリシタン（キリスト教信者）として打ち首になった。当時キリスト教は禁止されており、信者とわかれば家族も重罪に処せられるのが常だったのでお紺は逃げ、円光寺の和尚を頼った。和尚は子細を藩主行信に伝えたが、お紺と会った行信はお紺を罪に問わないばかりか、愛情を一身にお紺に捧げるようになり、お紺は信恩を生んだ。このことが物議をかもす結果となった（新渡戸仙岳『仙岳随談』）。

信恩はキリシタン信者の血を引いていて、由緒正しい南部家の世子としては不向きであると考えた茂兵衛らは行信の存命中に諫止《かんし》せねば手遅れになると病気で回復の望みがない行信に世子廃立の建白書を提出したが、行信は建白書を見て驚きその態度を喜ばず、信恩に彼等の処罰を命じて亡くなった。その結果、信恩が藩主になるや、茂兵衛ら十数人を厳罰に処したのである。

その際茂兵衛は引き続き光台寺に檀家として受け入れてくれるようにお願いしたが、光台寺から、罪人は受け入れられないと断られた。茂兵衛が墓所がなくなり困っていた時に「墓所を引き受けます」と助け船を出したのが黄檗宗《おうばくしゅう》大慈寺の住職恵歓《えかん》だった。光台寺に書いてもらった寺送り状を持参した茂兵衛に恵歓は檀家に加えることを承知したのである。茂兵衛と恵歓が個人的に親しかったことが幸いした。

以来、原家の菩提寺は大慈寺になった。

茂兵衛は長町に寺小屋を開き、昼は托鉢《たくはつ》に出かけた恵歓と夜は共に学問に励んだ。その後、茂兵衛は志和郡（現紫波郡）で足掛け六年にわたり新田開発に従事した、宝永六（一七〇九）年、第五代将軍綱吉死去による大赦令により、茂兵衛は赦免され五人扶持（三〇石）で召し出された。盛岡藩七代藩主南部《なんぶ》利幹《としもと》の時代である。一人扶持とは一カ月に一斗八升五合（蔵米一俵）を給されるものをいう（一ノ倉則文編『用語　南部盛岡藩辞典』）。とはいえ、城下に住むことが許可されず、原敬記念館のある本宮の現在地に居を構えたといういきさつがあった。

原家四代政芳《まさよし》の時には士分に復し、五代芳忠のときには禄高が二百石一斗七合となった。芳忠の頃、盛岡藩十代藩主利正《としまさ》から、盃の中に桜の花弁が三枚浮かんでいる絵師に描かせた紋章を拝領した。これが原家の「三つ桜」の紋章である。

第二節　大慈寺の再建

大慈寺の再建に尽力

既《すで》に紹介した経緯から原家では代々大慈寺に恩義を感じてきたが、原敬は実際の行動で大慈寺を支えた。原敬の生涯をたどる前に、その逸話を提供しておきたい。

明治十七（一八八四）年十一月、盛岡で発生した大火により、大慈寺は山門、本堂などを焼失した。原は明治十五年に外務省入りしたばかりで、すぐには動けなかったが、明治三十八年に山門を新築し、寄付している。その頃原は古河鉱業株式会社副社長に就任しており、翌明治三十九年一月には第一次西園寺公望《さいおんじきんもち》内閣の内務大臣に就任している。政財界で力を付けていたのである。

原がなぜ、大慈寺の再建に力を注いだかといえば、江戸時代の盛岡藩について記した横川良助『内史略』を読み、原家と大慈寺との関係を知った故という。横川は安政四（一八五七）年十二月二十三日、八十四歳で没した盛岡藩を代表する歴史家で、大慈寺に葬られている。

大火にあう前、明治十五年頃の大慈寺はみすぼらしい寺だった。寺の水田からとれる米、畑からとれる野菜だけでは寺の維持が難しく、境内に桑を植えて養蚕を手掛けやっと生活していた。檀家は百軒たらず、葬式は年に三つくらいしかなかった。原の祖母は明治十七年の大火以後に亡くなったが、葬儀の際、建てられた仮小屋のような建物ではあまりに狭く、花輪の置き場所がないくらいだった。会葬者が入れない現状をみた原は、何とかしないといけないと思ったという。当初原は自分一人で建てるのは檀家の人々にとってもよくないと思い、協力を呼びかけたが、檀家の人々はその余裕がなく、仕方なく原は独力で大慈寺の再建に取り組んだ（長岡高人編『もりおか物語（六）―鉈屋町かいわい』）。

そのことが可能になったのは、三回大臣に就任した者は前官礼遇《ぜんかんれいぐう》になるという内規だった。前官礼遇者に対しては毎年盆暮れに五百円ずつ（後に増額された）天皇の御下賜《かし》金が下されることになっており、明治四十四年八月、第二次西園寺公望内閣で内務大臣となりこの規定の条件を満たした原は、浄財を別途貯蓄して大慈寺の再建費用に充てたのである（前田蓮山『原敬』一六三頁）。

恩に報いようとする原の行為は山門の新築で終わりではなかった。本堂がまだ仮のしつらえであり、本堂の再建は課題として残されていたのである。

その機会は大正六（一九一七）年に訪れた。同年九月二十二日の日記に、「大慈寺新築の件決定、請負を中澤善太郎に命じ、川村清次郎に監督を嘱託せり」とあり、翌年から原が資金を出し、本堂の建築工事が始まる。

原敬記念館にある「宝積」の石碑

原の日記（一九一八年五月九日付）には、「高橋公威《きみたけ》等同伴宇治に赴き、大慈寺新築参考の為め黄檗山を見執事長の案内にて各堂を見、又説明を聞きたり」と記されている。本堂落成のために、本山である黄檗山万福寺を視察するほどの熱の入れようで、原の誠意が伝わって来る。

大慈寺の本堂は住職や家族の居間などの庫裏《くり》が大正八年十一月に起工し、翌年大正九年八月に落成した。その直前の七月三日、入佛式が行われた際、原は直筆の「宝積」の額、大慈寺本堂造営の由来を納めた。当時の日記を読むと七月一日午後十時半出発し、盛岡に向かい、翌日午前盛岡に着き準備をしたとある。七月三日には黄檗宗官長以下十八人の僧侶により式を挙げている。翌日の七月四日には母の七回忌、兄の一回忌の法要を大慈寺で行う慌ただしさだった。

なお、「宝積」は原がたどり着いた境地で、出典は「宝積経」の経典にある。人間は徳を積んで生きる糧となる、人を守りて己は守らず、人に尽くして見返りを求めない意味である。

かつての大慈寺は南部家の姫君が葬られているために南部家の定紋である鶴の紋だったが、現在の大慈寺は原が独力で建てたこともあり、原家の紋である三ツ桜が定紋となっている。

葛西重雄と葛西萬司

原敬の菩提寺である大慈寺には大正十三（一九二四）年、原敬と原の死の翌年に他界した妻浅の位牌を納めるため大慈寺に原家位牌堂が建造されたが、葛西萬司はその設計を担当した。三年後の昭和二（一九二七）年には宝物庫が建造されたが、これも葛西が設計した。原家位牌堂は解体され今はないが、宝物庫は現存している。

それでは、なぜ、東京駅を辰野金吾と共に設計したことで知られる葛西萬司が大慈寺の建物を設計したのか。これは原と葛西萬司（旧姓鴨澤）の義父である葛西重雄との関係が深かったためだ。そのことを紹介する。

葛西萬司（旧姓鴨澤）は文久三（一八六三）年七月二十一日、鴨澤舎《かもさわとねり》・コノの二男として盛岡の上衆小路《かみしゅうこうじ》（現盛岡市清水町）に生まれた。

鴨澤氏は石高二〇七石一斗一升八合の知行を有しており（吉田義昭編『南部盛岡藩家士・諸職人総

録』）、十代目当主舎は先手役（大名行列の先頭で、諸々の準備や警護に当たる役職）だった。盛岡藩の上級武士だったが、萬司が生まれた翌年十一月十九日、母コノが他界する悲運に見舞われた。

その後、マスが後妻となったが、悲運が続いた。慶応四（一八六八）年七月一日、大黒柱である舎が没したのである。

マスの下に四歳の萬司を含め四人の兄弟が取り残された。そうした中で、家族の支えになったのは親戚の葛西家七代目の葛西重雄（萬司の兄鴨澤恒の妻ヤヱの兄）だった。その直後盛岡藩は戊辰戦争に敗れたために賊軍の烙印を押され、藩主の隠居謹慎、多額の賠償金を政府から科せられたあげく廃藩となった。そうした混乱の中にあり、重雄の存在は大きかったと推測される。

葛西重雄は嘉永二（一八四九）年一月十八日、葛西市太郎（後に軍平、市右衛門、登と改名）・イホの長男として盛岡に生まれた。石高は百石で（前掲の『南部盛岡藩家士・諸職人総録』では、葛西軍平の名で百石と記されている）、現在の岩手県南部から宮城県北部にかけかつて勢力があった戦国大名葛西氏の末裔《まつえい》である。

葛西重雄は盛岡藩校である作人館や私塾で漢学や洋学を学んだ。慶応四（一八六八）年二月から は藩主南部利剛《なんぶとしひさ》に小姓《こしょう》として仕えた。同年盛岡藩は戊辰戦争に参戦し、敗北したが、重雄は戦後処理に奔走している。

その後、重雄は盛岡と京都を拠点とする豪商小野組に勤めたが、やがて小野組が閉店した。

小野組は慶長年間（一五九六―一六一四）からの盛岡の名家で、為替業や生糸、絹物などを取り扱っていた。代々小野善助を名乗り、盛岡藩の財政にも参画していた。明治維新後も小野組は全国に支店を置き、岩手県の為替方に任命された。だが、産業の近代化が進む中で明治六年頃から経営不振に陥り、明治七年十一月破産に追い込まれた（吉田義昭・及川和哉『図説盛岡四百年　下巻〔Ⅰ〕』）。

旧小野組の幹部だった古河市兵衛が独自に鉱山事業を始めると、重雄は明治九（一八七六）年から古河家に勤務するようになり、明治二十七年、重雄は秋田の古河阿仁《あに》鉱山事務所長を任されるようになった。

重雄は明治六年、「若松小野組鉱山部雇傭《こよう》」として小野組に入っており、その経験が買われたと推測される。作人館や私塾で学んだ洋学の知識も生かされたといえるだろう。

古河市兵衛は京都の生まれだが、盛岡にゆかりの人物である。嘉永二（一八四九）年から安政四（一八五七）年までの青年時代、伯父がいる盛岡で商売の経験を積み、その後は小野組の幹部として盛岡に関わった。

古河家に仕え順調な出世をした重雄だが、一方の萬司は明治七年十二歳で上京、慶應義塾を経て明治十九年第一高等中学校（現東京大学教養学部）の第一期生として入学した。

明治二十二年六月三日、萬司は葛西重雄の養嗣子となった。同月十六日には、重雄の妻キヨの妹神タキと結婚している。これは重雄の意見だったと推測される。

萬司が上級学校に進学できたのは養父葛西重雄の援助によると推測できるが、養嗣子となることでさらに、萬司に幸運が転がり込む。重雄は、経済的にも精神的にも頼りになる養父だった。経済人として地位が高まるにつれ、地元盛岡を中心とした岩手の経済界でリーダーシップを発揮するようになる。葛西萬司は辰野金吾亡き後、盛岡で多くの建築物を設計する機会に恵まれたが、それは養父重雄の人脈があったからである。

鉱山開発の専門家として古河家に重用された重雄は、実直な人柄と確かな仕事ぶりが評価され、明治三十年から二等支配人、明治三十七年からは一等支配人になった。

個人経営から会社経営へと移行し、古河鉱業会社となった後は、古河家そのものの採算管理等を任されるようになった。重雄は市兵衛、潤吉、虎之助の三代にわたり、補佐役として古河家を支えたのである。

原敬と葛西重雄

原敬と古河家との関係も密接だった。原は明治三十八（一九〇五）年から翌年一月まで古河鉱業会社の副社長を務め、その後も古河家との密接なつながりは続いた。

その縁で葛西重雄と原敬は昵懇《じっこん》な間柄となったが、経済人として成功した葛西重雄と政治家として成功した原敬との縁は、建築家としての葛西萬司に後年、大きな恩恵をもたらした。

日本で初めて総理大臣を務めた伊藤博文に信頼され、伊藤が設立した政友会発足に立ち合い、政友会の総務委員兼幹事長の地位に就いた原は、明治三十五年八月十日に行われた第七回衆議院議員選挙で初当選した。当時は制限選挙である。有権者は直接国税十円以上を納入している二十五歳以上の男子に限られていた。当時の選挙は支部と郡部の二部制で、岩手県では盛岡市だけが独立区で定員一人、その他の地域は一括して定員五人の郡部選挙区である。

原は盛岡選挙区に出馬した。盛岡市の有権者は三〇一人だった。対抗馬は盛岡市長を経験した清岡等《ひとし》、当初は清岡が有利と目されており、東京朝日新聞は八月二日付の紙面で、清岡を当選見込みとした。これは原の立候補の決意が遅れたことも起因していた。当時原敬は政友会常務委員で全国に気配りする立場にあり、当初この選挙に出るつもりはなかった。

ところが、盛岡では第二代盛岡市長を務めた清岡等のみが立候補を表明しており、有力な対立候補がいなかった。そのことを危惧《きぐ》した政友会岩手県支部が原敬に立候補を要請、原は承諾し、選挙に出馬することにしたのである。その前の段階で原は清岡に政友会入りを求めたが、断られたいきさつもあった。原はぜひとも盛岡選挙区で政友会が議席を占めなければならないと考えたのだ。

とはいえ、盛岡市長を務めた清岡の地盤は固く、立候補の決意が遅れた原陣営は苦戦を伝えられた。そうした中で、重要な役割を果たしたのが葛西重雄だった。葛西らは原のために奔走し、清岡の支持者を切り崩すことに成功、八月十一日に開票が行われた結果、原敬一七五票、清岡等九五票、無効二票で原の圧勝に終わった。

以後も原は選挙に勝ち続け、七回連続当選した。そのこともあり、原は葛西重雄に恩義を感じていたのである。

原が選挙で戦った清岡等は一八六四年、盛岡で生まれている。父行三の仕事の関係で少年時代を秋田で過ごし、後に旧制秋田中学校となる太平学校を卒業した。一八八二年から一八九四年まで岩手県に勤めた後、一八九四年に初代目時敬之《めときたかゆき》の跡を継いで、盛岡市長となり、一九〇一年まで七年間盛岡市長を務めた。宮沢賢治が学んだ盛岡高等農林学校を誘致したのは清岡である。原に選挙で敗れた後は、盛岡電燈会社社長などを勤め盛岡市の近代化に貢献した。

原敬を選挙で支えた葛西重雄は晩年、故郷盛岡で暮らした。

大正九（一九二〇）年十二月、七十一歳のときには、岩手銀行初代頭取小野慶蔵の後を継いで、二代目頭取に就任した。頭取に推薦したのは原敬と推測されている。

そのほか、盛岡貯蓄銀行初代頭取、盛岡電気株式会社取締役、盛岡信託株式会社取締役などの要職を務めた。重雄は盛岡の経済界を牽引《けんいん》する人物として活躍したのである。

大正十年十一月十一日、原敬が東京駅で暗殺された七日後に盛岡で盛大な葬儀が行われたが、葛西重雄はもちろん参列している。

原敬と葛西萬司

葛西萬司は明治二十二（一八八九）年に神《じん》タキと結婚し、明治二十四（一八九一）年に長女フミが生まれている。フミは大正六（一九一七）年菱沼堅三郎（婿養子）と結婚したが、その際の仲人は原敬だった。葛西重雄と原との縁は、萬司にも及んだのである。葛西は娘夫婦の媒酌人を務めた原敬にちなみ、初孫に敬子と名付けている。萬司と原との縁は続いた。大正七年、九月二十九日、原は第十九代内閣総理大臣に就任した。全国に鉄道網を整備したり、高等教育機関を充実させたりといった藩閥政府にはできなかった政治を原は行ったが、現職中の大正十年十一月四日、中岡艮一《こんいち》に暗殺された。満で六十五歳の生涯だった。暗殺の詳細については後述する。

東京駅丸の内南口の改札口近くには、「原首相遭難現場」の銘板がある。次のように書かれている。

大正10年11月4日午後7時20分、内閣総理大臣原敬は、京都で開かれる政友会京都支部大会におもむくため、丸の内南口の改札口に向かっていた。そのとき、一人の青年が飛び出して来て案内にあたっていた高橋善一駅長(初代)の肩をかすめ、いきなり刃わたり5寸の短刀で原首相の右胸部を刺した。原首相はその場に倒れ、駅長室で手当を受けたが、すでに絶命していた。犯人は、原首相の率いる政友会内閣の強引な施策に不満を抱いて凶行におよんだと供述し、背後関係は不明であった。

まさか、葛西萬司は自身が建築設計に関わった東京駅で、縁が深い原敬が暗殺されるとは想像しなかったに違いない。

第二章　盛岡藩と戊辰戦争

第一節　盛岡藩が賊藩に

祖父・原直記

原敬は安政三（一八五六）年二月九日（旧暦、新暦では三月十一日）、父直治、母リツの二男、姉ふたりについで兄平太郎（後に恭《ゆたか》）の後四番目の子供として岩手郡本宮村（現盛岡市本宮）に生まれた。幼名は健次郎である。

原家七代の祖父直記は「家老加判」で禄高は二百二十六石八斗八升三合、新田からの収入を加えると三百石ほどで、家格は藩主と特殊関係のある高知《たかち》につぐ高知家格という由緒ある家柄だった。原は生家の祖父直記の部屋で、膝に抱っこされて過ごすことがあったという。

健次郎が親しんだ祖父・直記は文政三（一八二〇）年、盛岡藩の幼君（十一代利用）が将軍家に謁見《えっけん》せずに亡くなり藩が窮地に立たされた際に、藩を救った。その功で家老に取り立てられたと

原敬生家外観

いういきさつがあった。

直記は嘉永三（一八五〇）年、屋敷を大改修した。二千坪以上ある広い敷地に建坪二百坪ほどの豪邸の屋敷には藩主やその家族を迎えるための御成《おなり》座敷が特設されていた。実際藩主が数度、姫君も一度御成りになっていて、敬の弟誠は幼少の頃に姫君が琴を弾いたり庭園を散歩して遊んだようすを回想した文章を残している。原敬が生まれたこの屋敷は五分の一ほどが残っており、原敬記念館に隣接している。平成七（一九九五）年四月二十六日、盛岡市指定文化財（建造物）に指定された。原敬記念館では、生家を原敬命日の十一月四日などに市民に開放している。

原家八代、原敬の父直治は部屋住で御側用人《おそばようにん》（秘書役）、リツは宝蔵院流槍術《そうじゅつ》師範山田氏の娘である（山本四郎『評伝原敬』）。

原敬が生まれたとき、直治四十二歳、リツ三十三歳とふたりとも厄年だった。当時、厄年の子供は忌み嫌われ、捨てて誰かに拾って育ててもらうこともしばしばだった。リツはそのことを心配したが、直記は「迷信に惑う必要はない」といって、健やかに育ってほしいという願いと、二男であることから健次郎と名付けられた。当時、直治は盛岡藩御側用人で、まだ直記から家督を譲り受けてはいなかった。

後に宰相となる原敬だが、この祖父の謹直な性格を受け継いだといわれている。安政七（一八六〇）年に直記は七十五歳で亡くなった。敬が四歳のときで、おぼろげながら敬の脳裏には祖父の記憶が残った。

原敬は後に「七百年四十一代」の南部家の記録『南部史要』を刊行するが、直記の功績に関する記述がいくつかある。

自らが正しいと信じることを躊躇《ちゅうちょ》せずに、藩主・利済《としただ》に直言する直記の姿が浮かんでくる。そのエピソードを拾ってみると――。

嘉永元年のことだ。利済が退隠後、後を継いだ利義《としとも》との間に感情の対立があり、利義が入国しても二人の対面はなかった。藩内に両派に分かれる懸念があったが、誰も斡旋に乗り出す者がいなかった。直記はこのことを憂え、切腹を覚悟でふたりを説き親子の対面を実現させている。

また、嘉永四年、直記は城内の大奥建築御用掛の大役を

原敬生家内部

滞りなく終え、数十年にわたり藩主に近侍して職務に精励したので、新丸番頭の家格に昇り、俸禄が加増された。

直記に関しては、天保十一年京都からやって来た儒学者新宮涼庭《しんぐうりょうてい》が「小さなことに手抜かりがなく、見えない処で人を欺いたりすることがない」と掛け軸に記している。

兄恭

原家の家督を継いだ恭は四歳年上だった。少年時代は藩校作人館に学び、敬に優るとも劣らぬ秀才だった。青年時代は東京で旧盛岡藩主二男南部英磨《ひでまろ》の御付を務め、英磨に従ってアメリカに留学する話もあったが、家督相続のために断念している。

没落した原家のために恭は苦労の連続だったが、出世コースからは外れ、岩手県の郡長で役職を終えている。恭は明治二十三年八月二十二日、何とか岩手の郡長にしてほしいという願いを込めた手紙を原に出している。原は兄のために、奔走した。

恭が郡長になったのは明治三十年四月のことだった。恭は大正七（一九一八）年七月四日に亡くなっている。原が総理大臣に就任する二月前のことだった。

なお、原の養子となった貢《みつぎ》は恭の長女エイ子の二男で、大阪に生まれている。

百姓一揆が頻発

直記が仕えた南部利済《なんぶとしただ》は文政八（一八二五）年に十三代藩主となったが、その頃すでに盛岡藩の財政は危機に瀕していた。それにもかかわらず、利済は独裁者として君臨し、奢侈《しゃし》を重ねた。

盛岡藩ではたびたび飢饉に見舞われていたが、天保三（一八三二）年から九年にかけて起こった天保の飢饉は長く尾を引いた。

大凶作と増税で苦しめられた農民は食べるものがなくなり、山野に入って蕨《わらび》やトチの実など食べられるものは何でも食べた。それでも餓死者が続出し、藩内では百姓一揆が頻発するようになった。

弘化四（一八四七）年に野田通《どおり》から起こった三閉伊《さんへいい》一揆《いっき》は最も大規模な一揆となった。

原敬生家にある井戸

盛岡藩では代官管轄区域を「何々通」と称し、領内で十郡を三十三通に分けていた。三閉伊とは野田通・宮古通・大槌通の総称である。

元々、閉伊、九戸、三戸といった沿岸部はやませと呼ばれる冷風に悩まされてきた地域である。十分な稲作はできない。そういった悪条件に加え、十月二十五日、藩は同年盛岡領内に五万二千五百両の御用金を臨時に課した。野田通に一千四百三十両、大槌通に三千四百八十両、宮古通に三千五百二十七両を十一月二十日までに納付すべしと命じたのである。御用金督促のために同心たちが出張するが、出張して来た役人に対しても日当二百文ずつ納付させようという盛岡藩の仕打ちに農民たちは我慢できず、強訴《ごうそ》に立ち上がった、野田通から起こった一揆は一万二千人にまで膨れ上がり、笛吹峠を越えて遠野に入った。遠野南部家の役人と協議し、新規の課税を免除するとの願書を受け取らせ、一同は帰郷した。

それでも、盛岡藩の悪政は続いた。ペリーが浦賀に来航した嘉永六（一八五三）には、再び野田通から一揆が起こった。一揆の指導者が隣の仙台藩へ出て、藩主の交代と仙台藩への編入を要求するという前代未聞の事態となり、盛岡藩の威信は地に落ちた。原直記が家老の任に当たったのはそんな時代だった。

南部《なんぶ》利済《としただ》の死

南部利済は城内に長生殿という三階建ての豪華な御殿を建てた。さらに、新丸と呼ばれていた城外の邸宅を壊し、新たに広小路御殿を建てた。大きな池を作り、御田屋《おたや》清水（現盛岡市大通りに現存）の水を引き、夏向きに清水御殿も建てた。

郊外の津志田には、江戸の吉原を真似て遊郭を作った。遊郭の周りには料亭が軒を並べ、三味線の調べが昼夜を分かたずに流れていた。

飢饉に苦しみ、食うや食わずの生活をしていた農民はそんな利済の悪政を批判し、利済の長子利義《としとも》の藩主擁立を要求していたのである。

盛岡藩で起こった百姓一揆はやがて幕府の知るところとなり、幕府は密偵を放って利済の動静を探らせた。

その動きを知った利済は嘉永元（一八四八）年三月十八日に隠居願を幕府に提出し、六月十三日に許可が下りた。

利義は十四代盛岡藩主となった。江戸の盛岡上屋敷に生まれ江戸で育った利義は英才として評判で、水戸藩主徳川斉昭《とくがわなりあき》らは将来を嘱望していた。

藩主が変わったことで、幕府に対する政務、蝦夷《えぞ》警備などは利義が当たったが、藩政は変わらずに利済が実権を握った。この親子は折り合いが悪く、藩主となった利義が盛岡に入部《にゅうぶ》しても、利済は会おうとせず親子は対面しなかった。城内本丸には利済が住み、利義は清水御殿に別居するというありさまだった。

そのことを憂いた原直記の具申により、ふたりは一度だけ対面しているが、関係が改善することはなかった。

嘉永二（一八四九）年六月十二日、参勤のため江戸に出発した利義に、利済の命で江戸に上がった南部弥六郎、南部土佐らは隠退を勧告した。

父の意向に背けなかった利義はやむなく、在位一年で藩主の座を弟の利剛《としひさ》に譲った。九月二十三日、病気のためとして幕府に隠居願を提出し、受理された。利済は御《ぎょ》しやすい利剛に藩主を変えることで、意のままに藩政をあやつろうとしたのである。

だが、次第に盛岡藩の悪政は幕府の知るところとなり、幕府老中阿部正弘に出府を命じられた利済は「下屋敷に引っ越し、慎んでいるように」という達しを受けた。

安政二（一八五五）年四月十四日、下屋敷で謹慎していた失意の利済は五十九歳で亡くなった。その結果、やっと利剛の下で藩政改革が行われるようになった。

江帾梧楼《えばたごろう》の登場

利剛は藩政の実権を握ると、自ら率先して倹約に努めた。まず、華美な新御殿を壊し、三百人いた奥女中を五十人に減らした。津志田の遊郭を廃止し、新番所を撤廃した。藩内の殖産興業を奨励し、冗費を節減した。

利剛は藩学の振興にも力を注いだ。慶応元（一八六五）年四月一日、従来の藩校明義堂を作人館に改称し、新しい学問や武術を奨励、教育刷新を図った。

そうした中で抜擢されたひとりが、江帾梧楼（明治維新後に那珂通高と改名）だった。原敬が十五歳で上京した際に、深川佐賀町に住んでいた江帾梧楼宅を訪ね、世話になっている。原に文章のてほどきをした人物で、原の恩人のひとりだ。

江帾の先祖は江戸氏で、常陸国那珂郡から出羽国大舘に移った。文政年間に父の通英《ひでみち》が二人の子供を連れて盛岡に移って来て、盛岡藩に医師として仕えた。兄は後述する春庵である。梧楼は二男であり、十九歳のときに脱藩し江戸に向かった。幼い頃から学才に優れていた梧楼は江戸で東條一堂、京都で森田節斎、安芸《あき》の坂井虎山などに学んだ。坂井虎山の塾では長州の吉田松陰と知り合っている。学才に優れていたことから脱藩の罪が許され、安政六（一八五九）年に年俸六十石で藩学「明義堂」の教授に迎えられた人物だ。明義堂は文久三（一八六三）年に作人館と改称された。

作人館では江帾が中心となり、学制改革が推進された。文徳を修める場を「修文所」、武徳を明らかにする場を「昭武所」と定め、作人館は文武一致を学ぶ場として位置付けられた。「和漢一致」「文武不岐」をスローガンにして、教育体制の充実が図られた。

江帾が理想としたのは、後期水戸学だった。水戸学とは江戸時代に水戸藩で形成された思想体系である。徳川光圀《みつくに》を中心とした前期水戸学と徳川斉昭を中心とする後期水戸学に大別される。幕末期の尊王攘夷運動に影響を与えた思想体系で、後期水戸学の代表的な学者としては藤田幽《ふじたゆう》谷《こく》・東湖《とうこ》の親子、会沢正志斎《あいざわせいしさい》などがいた。

その中で梧楼が影響を受けたのは会沢正志斎が著した『新論』で、文政八（一八二五）年に出版された。当時外国船がしばしば押し寄せるようになり、同年二月には外国船打払令が出されている。そのような中で出版された『新論』は国家の統一性強化を目指し、尊王攘夷の重要さを指摘している。『新論』には吉田松陰も影響され、梧楼は水戸で松陰と落ち合い、共に後期水戸学を形成した会沢正志斎に学んだいきさつがあった。

梧楼の祖先は元々那珂郡の出身で、そうした親近感が水戸学に向かわせたと推測される。水戸学の教えである「和漢一致」を実現するために、梧楼は著作に専念した。こうして生まれたのは『学軌《がくき》』で、慶応三（一八六七）年に刊行された。

さらにいえば、盛岡藩と水戸藩とは密接な関係にあった。藩主利剛は安政四（一八五七）年十一月、徳川斉昭の娘明子《はるこ》を妻として迎えているのだ。明子は徳川幕府第十五代将軍となった慶喜の姉でもある。このことは後に、盛岡藩が戊辰戦争の際に、微妙に影響したかもしれない。

『学軌』を基本として、作人館は運営されていった。明義堂の時代は各自の希望に沿って就学したが、作人館では藩士子弟の就学が義務化され、文武教育が徹底された。入校は文教が八、九歳、武芸が十、十一歳で、二十歳頃には四書の大義に通じることが求められた。授業は日課が決められ、春と秋になると、試験が課せられた。

生徒の概数は七百人で、そのうち約二百人が寄宿生だった。寄宿生のうち約半数が藩費で学び、入寮費用の援助を受けていたとされる。地方の郷校を出て、盛岡の作人館に学ぶ者が結構いたのである。

吉田松陰と江帾梧楼

話は前後するが、江帾梧楼と親しかった吉田松陰は嘉永五（一八五二）年熊本藩士・宮部鼎三《ていぞう》と連れ立って盛岡を訪れている。ふたりがなぜ、盛岡に立ち寄ったのかといえば、梧楼の兄 春《しゅん》庵《あん》の遺族を訪ねるためだ。

藩主となった利義がわずか一年でその座を追われ、弟の利剛に藩主を譲らざるを得なかったことはすでに説明した。当時は利済の悪政が行われており、それに反対する人々はもう一度利義の擁立を画策したのである。

ところが、その動きは事前に漏れ、同調した人々は処罰された。江帾春庵はそのひとりで、梧楼はそのことをふたりに話し、利済の側近である田《た》鎖《くさり》左《さ》膳《ぜん》を殺害する計画さえ打ち明けていたのである。

ふたりはそのことがどうなったか気がかりで盛岡を訪れたが、梧楼には会えず、春庵を弔って盛岡を後にした。

当の梧楼はなかなか仇討ちに踏み切れず、時間ばかりが過ぎて行った。梧楼の実行が伴わないことが知れ、梧楼の評判は次第に落ちていった。

やがて、田鎖左膳は失脚、利済は隠居を余儀なくされ、梧楼は実権を握った利剛により学識を評価され、藩に復帰した。梧楼が明義堂の教授に迎えられた安政六（一八五九）年、吉田松陰は井《い》伊《い》直弼《なおすけ》によって引き起こされた安政の大獄により、生涯を閉じている。

父直治の遺した桜

すでに紹介したように、健次郎は四歳の時、祖父直記を失った。祖父になついていた健次郎は悲しみに打ちひしがれ、石鳥谷村新堀《いしどりや》（現花巻市石鳥谷町新堀）に嫁いでいた姉浪岡磯子の家に行き、しばらく滞在したという。

直記の死に伴い、直治が家督を継いだ。学者肌の温厚な人柄で、謙信流の軍学を学び副軍師の免許をもっていた。御側御用人《おそばごようにん》を兼ねて藩世子利恭《としゆき》に軍学を進講し、門弟を養成したという。

原敬の生家庭園にある「いただき桜」（写真提供：原敬記念館）

吉田義昭編『南部盛岡藩家士・諸職人総録』によれば、万延元（一八六〇）年時点で直治は御新丸御番頭の役職にあり、「二二六石八斗八升三合　内五人扶持」を給せられていた。家老だった直記からは、格落ちである。身体が弱かった直治は病気を理由に家老職を辞退していた。健次郎が七歳のときに隠居し、十歳の長男恭《ゆたか》に家督を譲った。恭は原家九代目の当主となった。

二年後、元治二（一八六五）年四月二日、直治が亡くなった。享年五十歳。四十歳のリツには、九歳の健次郎を含めて七人の子供がいた。元号が元治《げんじ》から慶応に変わったのはその六日後、四月八日のことだった。

現在、原敬記念館となっている生家の庭園の一隅に「いただき桜」と呼ばれる一本の桜の樹が立っている。この樹木は安政年間に、直治が盛岡城内にあった江戸から移植した八重桜の若穂を拝領して持ち帰り、邸の入口近くの接ぎ木して植えた三本のうち枯れ残った一本を明治十五年に移植したものだ。

俳句を嗜んだ原は、この桜の樹に関して、次のように詠んでいる。

父の遺愛の櫻を見たるとき
老死なば茲《ここ》に朽ちなん花のもと

母リツの教え

女手一つで子供を育てたリツは気丈だった。子供たちに厳しく接した。リツは「ご先祖様の名を汚すな」といつも諭《さと》した。すでに紹介した通り原家の出自は近江で、織田信長の武将として活躍した浅井長政の一族、浅井重政である。この由緒ある出自と南部家に代々重臣として仕えてきた重大さをリツは子供たちにいい聞かせたのである。

原は母リツを尊敬していた。『原敬日記』の中で敬語を使って表記しているのは、天皇・皇后と母リツのみである。

原敬の養子となった貢は『ふだん着の原敬』の中で、原がリツからよく〔女手で育てられたからお前たちがろくでなしの人間になったと、世間から笑われるようなことがあっては、まことに心苦しいから、どうかみんな世間から笑われないような人間になっておくれ〕と言い聞かされたというエピソードを紹介している。

リツの教えを守った原はリツが大正三（一九一四）年五月に九十二歳で亡くなるまで、生涯母を尊敬し続けた。

その証となるのが、明治四十二（一九〇九）年八月二十五日に新築された盛岡の別邸（介寿荘《かいじゅそう》）である。多忙でありながら原は毎年お盆の頃になると盛岡を訪れ、母リツを見舞ったり、園遊会を催したりしている。元々原は親孝行で、東京から十二時間かけて夜行列車で帰盛、夜行列車で東京に戻ることを繰り返していた。

明治四十三（一九一〇）年はリツの米寿の年で、親孝行の原は八日間にわたって盛大な催しを行った。八百人ほどを招待し、そのうち六百人が出席して園遊会を催したと『原敬日記』には記されている。

なお、盛岡の名物として知られるわんこそばは、原敬別邸から始まったといわれている。原が大のそば好きだったため、別邸で過ごす際に浅はいろいろな具を出してそば振る舞いをした。明治十七（一八八四）年創業の老舗「直利庵《ちょくりあん》」がそうしたそば振る舞いを真似て商売にしたのがわんこそばの始まりという。

原はリツの臨終にも立ち会った。大正三（一九一四）年五月七日、リツの容態悪化を聞いて原は高橋光威《みつたけ》らを伴って夜行列車で帰盛した。

五月九日夜中から容体がかなり悪くなり臨終に至るリツのようすは、『原敬日記』（大正三年五月九日）に「夜十二時頃より母上御容体頗《すこぶ》る不良に陥られ、遂に一時十五分に至りて瞑目《めいもく》せられたり、御年九十二、御臨終の際には御苦痛もなきが如く、其十分斗り前に余御名を呼びたるに眼を開らきて御覧あり、又水を綿に濕して差上げたるに御吸ありたり」と記されている。

圓通《えんず》神社

リツは回復することなく、五月十日一時十五分永眠した。臨終の際は苦しみもなく、原の問いかけに目を開けて聞いていた。臨終に間に合ったことは、母をこの上なく愛した原にとってせめてもの幸せだった。五月十二日午後一時原はリツを大慈寺に埋葬し、五月二十五日に帰京している。

なお、「一山荘」とも呼ばれた別邸（介

寿荘）で原はたびたび園遊会を開き、盛岡の人々と交流した。現在その場所は、ホテル東日本と七十七銀行になっている。昭和五十五（一九八〇）年、ホテル東日本の建設工事の際、氏神の一部が出土し、圓通《えんず》神社として奉っている。

介寿荘の近くには、前年（明治四十二年）に桜城《さくらぎ》小学校が開校した。別邸そばの学校ということで、原は何度も同校を訪問しており、明治四十三（一九一〇）年五月二十四・二十五日には母リツの米寿のお祝いに、紅白の餅を桜城小学校の生徒らに配布している（『原敬日記』）。

原が盛岡藩が瓦解《がかい》してからも南部家の面倒を見続け、盛岡藩の歴史書である『南部史要』を編纂したのは母の教えがあったからと推測される。原は幼い頃から南部家との深い関係を意識しながら成長しており、盛岡藩の運命を自分自身の事として受けとめたのである。

江戸幕府の瓦解

慶応三（一八六七）年十月十四日、十五代将軍徳川慶喜《よしのぶ》は大政奉還を奏上した。朝廷はそれを許可し、二六〇年に及んだ江戸時代は終わりを告げた。

だが、この時点では徳川幕府の勢力は依然として強く残っていた。全国の総石高の四分の一の領地を有しており、政権を返された朝廷側には確固としたビジョンがあるわけではなかった。

とはいえ、薩摩・長州に代表される討幕派は単に幕府を倒しただけでは満足せず、旧幕府の勢力を殺ぎ、政権を自分たちが握るために暗躍していた。

慶応三（一八六七）年十二月九日、討幕派は十五歳の明治天皇を担ぎ出し、王政復古の大号令を出すことに成功した。慶喜は官位を退き、土地・人民を朝廷に返すことを命じられた。旧幕府側はこの決定に不満で、両者の対立は翌年一月三日、鳥羽・伏見の戦いに発展した。この戦いはわずか三日目に薩摩・長州軍を中心とする討幕派が勝利した。天皇を味方につけることに成功した討幕軍は「錦旗」を掲げた。自らが「官軍」であり、旧幕府勢力は「朝敵」とされた。新政府を容認しない勢力は抵抗を続けた。鳥羽・伏見の戦いを端緒とする戊辰戦争は明治二（一八六九）年の箱館での五稜郭《ごりょうかく》の戦いで旧幕府軍が敗退するまで続く。盛岡藩もこの戦いに巻き込まれていった。

戊辰戦争に敗れ、賊藩に

盛岡藩が鳥羽・伏見の戦いの結果を知ったのは、一月十八日のことだった。江戸城に出頭を命じられた江戸家老の野々村真澄《ますみ》に戦況が知らされたのだ。

やがて、仙台藩に会津藩討伐の命令が朝廷より下され、米沢・盛岡・秋田の各藩にも仙台藩と協力して会津藩を討伐するように、との命令が出された。

盛岡藩は筆頭家老の楢山佐渡《ならやまさど》を中心として、対応を検討した。その最中、仙台藩から使者がやって来た。かつて長州藩は禁門の変で朝敵とされたが、今は官軍である。だから、朝敵の名目で会津を討つのは猶予したいと朝廷に建白すべく使者を派遣したので、その返事を待って行動を共にしようと伝えて来たのである。

佐渡は、意図はわかるが、朝命であり、出兵した後に建白すべきだ、と返事をして京都に向かった。幕府が政権を返上して以来、京都は各藩兵に守られており、その任務の遂行が目的だったが、この目で京都の情勢を見たいという思いもあった。

佐渡が目にしたのは、薩摩・長州の下級武士の専横《せんおう》だった。祇園《ぎおん》の街をわがもの顔に練り歩くなど粗暴な振る舞いが目立った。

ある日、佐渡は新政府軍のリーダーである西郷隆盛を薩摩藩邸に訪ねた。西郷はあぐらをかき、数人の藩士と牛鍋を囲んで談論風発の最中だった。その姿を見た佐渡は、新政府に疑念を抱いたとされる。折り目正しく由緒ある家柄に生まれた佐渡と、下級武士出身の西郷とでは元々、折り合うことが難しかったのかもしれない。

佐渡は「薩長の専横著しい新政府を支持することはできない」という判断を下す。折しも、仙台藩の朝廷への建白は不調に終わっていた。

仙台藩を介して会津藩から降伏謝罪の嘆願書が出された。仙台藩は米沢藩と協議の上、白石《しろいし》に奥羽諸藩を集め、会津助命の議を図った。そのとき、野々村真澄と共に盛岡藩から出席したのが江帾梧楼だった。この集まりにやがて北越諸藩が加わり、奥羽越列藩同盟に発展し、新政府との対立が深まっていった。

慶応四（一八六八）年七月十六日、帰国して登城した佐渡は盛岡藩の居並ぶ重臣を前に、決然と列藩同盟支持を打ち出し、藩論が決定した。

七月二十七日、佐渡と向井蔵人《むかいくらうど》を総大将とする盛岡藩軍総勢二千余名は同盟を裏切った秋田藩の領内に出陣した。このとき、原敬の寺子屋の師匠だった寺田直助も従軍している。寺田はさかんに薩長をののしり、やけ酒を飲んでいたという（前田蓮山《れんざん》『原敬伝』）。

当初は盛岡藩が優勢だったが、秋田藩を支援する肥前、島原、大村などの諸藩（新政府軍）が続々到着し、次第に劣勢に転じた。

九月二十五日、ついに盛岡藩は戦争に敗れた。秋田にあった奥羽鎮撫総督府《おううちんぶそうとくふ》に対して、降伏を嘆願したのである。盛岡藩は最後に降伏した「賊藩」となった。

十月九日、藩主の謹慎、軍資金七万両の献金、叛逆首謀者の捕縛を条件に謝罪が受け入れられた。首謀者として捕えられたのは家老楢山佐渡、作人館教授江幡梧楼、作人館助教佐々木直作だった。

翌十月十日、盛岡城は開城となり、盛岡藩は奥羽鎮撫総督府の占領下に置かれた。新政府軍は盛岡に乗り込み、八幡宮境内に陣どり演習と称して空砲を発射したため、婦女子や子供は恐怖にふるえた。盛岡藩敗北後は楢山佐渡と意見が合わなかった次席家老東次郎《ひがしじろう》が主席家老となり、藩を取り仕切った。

新政府軍は武器や弾薬を押収した。十二月七日、盛岡藩の領地が没収され、国の直轄地とされた。領地は戸田・真田・大関の三藩に引き渡された。

十二月十七日、藩主利剛は謹慎させられた。新たな藩主となった長子彦太郎（利恭《としゆき》）は旧仙台領白石十三万石に封じられ、家名を継いだ。翌年一月四日、白石への転封《てんぷう》令が届いた。

目時隆之進と佐藤昌蔵

一方、盛岡藩にこのような厳罰が下ったのは、戦後処理に東次郎と共に携わってきた目時《めとき》隆《りゅう》之進《のしん》のせいだという批判が高まって来た。

目時は元々、用人として楢山佐渡と共に京都の情勢を見に出かけていた。その過程で佐渡が新政府を支持できないという判断を下し、秋田戦争で敗れ降伏したことはすでに紹介した。目時はその際、佐渡の考えに従うことができず、帰藩せず、途中息子を含む数人の同志を引き連れて脱走、新政府側に走ったといういきさつがあった。そのことが尾を引き、「目時隆之進は盛岡と主君を薩長に売り渡した売国奴である」という噂が広まり、藩主と共に上京していた目時は麻布の藩邸に幽閉されたのである。

やがて、取り調べのために盛岡に移送されることになったが、その途中、明治二（一八六九）年二月八日、現在の北上市黒沢尻にあった鍵屋（安原伊八邸）で切腹した。「報国」の血書を残しての四十七歳の死だった。盛岡藩の行く末を案じ、新政府に走った目時は悲劇的な最期を迎えたのである。ちなみに、目時の孫目時敬之《めときたかゆき》は盛岡市の初代市長に就任している。

目時が自決した際に随行していたのが佐藤昌蔵だった。昌蔵はその責任を取り、家督を長男の昌介に譲った。昌蔵は花巻城代の御取次役だったが、戊辰戦争の際は秋田に出陣している。戦争後は盛岡藩の公用人になっていた。花巻の自宅に帰っていたところに目時自害の知らせが入り、公用人を免官になったのである。

息子の佐藤昌介については第三章で詳述するが、原敬や新渡戸稲造と極めて親しかった人物である。

楢山佐渡の最期

一方、東京で謹慎生活を送っていた楢山佐渡にも死が待ち受けていた。明治二（一八六九）年六月二十三日、盛岡に移送された佐渡は、報恩寺において、反逆首謀の罪名により打ち首の刑に処せられた。

多くの立会人が見守る中、処刑は切腹の形をもって行われた。佐渡は最期に当たり、辞世の歌を残した。

花は咲く　柳はもゆる　春の夜に　うつらぬものは　武士《もののふ》の道

その日、十二歳の原健次郎は尊敬していた佐渡が処刑される姿を自分の目に焼き付けるために、報恩寺の周りを涙を流しながら歩いたといわれる。祖父の直記と佐渡は共に家老を務めたこともあって親しい関係にあり、健次郎は佐渡に抱かれたことがあった。

そのときの悔しい思いが原が生きる原動力になった。賊藩の汚名を晴らす、そのことを心に誓ったと推測される。

楢山佐渡は新渡戸稲造の叔父である太田時敏とも親しく、当初佐渡の切腹の介錯《かいしゃく》の役を務めることになっていたのは三十一歳の時敏だった。だが、時敏はその任に当たることを忍びず、東京に逃れ、一時身を隠したという（内川永一朗『デモクラシー　原敬と新渡戸稲造』）。

白石転封反対運動

盛岡藩の人々には、明治二（一八六九）年五月から八月までに白石に移るよう通達があった。旅費などはいっさい支給されず、自費での移住である。石高が二十万石から十三万石に減らされたため、今まで通りの諸士を召し抱えることはできない。自活の道を探る者、新天地を求めて北海道に渡る者などが出た。この際に暇を出された者は三八五五人に上ったという。

幸い白石に移れる者も禄高が半分に減らされ、家屋敷が没収される憂き目にあったので、長年雇っていた者に暇を出し、家財道具を売り払っての出発だった。

盛岡から白石までは約二三〇キロある。途中困窮して旅費がなくなり、炊き出しを受けながらやっと白石にたどり着く者もいた。

明治新政府は藩を統制する目的で版（土地）と籍（人民）を朝廷に返還する――版籍奉還を実

施したが、逸早くその政策を実施したのは盛岡藩主利恭だった。明治新政府は版籍奉還の対価として旧大名に石高の十分の一を家禄として与え、旧領地の藩知事に任命して、藩政に当たらせた。利恭は白石藩知事となり、従五位甲斐守《かいのかみ》に任じられた後、謹慎していた東京から直接白石に赴任した。七月のことである。

一方、盛岡を中心とする領民からは、南部の殿様との別離を惜しむ声が湧き起こった。藩政時代は悪政に苦しめられ、百姓一揆が頻発したが、七百年にわたりこの地を支配してきた南部家への愛着が上回ったのだ。

領内からは「白石転封反対運動」が起こり、領内をあげての復帰嘆願書が出された。なかでも、九戸在住で、後に作人館で原敬を教えることになる小田為綱《おだためつな》は遠路東京まで駆け付け嘆願書を出す熱心さだった。

そうした運動が実を結び、七月には盛岡への復帰が認められた。こうした嘆願運動は、あまり他の藩には起きなかった。七月に白石藩知事に任命されたばかりの南部利恭は、八月に盛岡藩知事に任命された。白石への赴任はわずか一カ月で終わったのである。

だが、盛岡への復帰は七十万両の献金という条件が付いていた。土地や人民を朝廷に返還した盛岡藩にとって、七十万両の献金は不可能だった。大参事の東次郎らが奔走し、翌明治三年五月、五万両の献金だけで免除された。明治三年五月、献金完納の見込みが立たなかった南部利恭は藩知事辞職、つまり廃藩願を出し、同年七月許可されるとともに、献金義務が自然消滅したのだった。

とはいえ、鍵屋や井筒屋《いづつ》といった藩を代表する商人が献金に応じた結果、破産に追い込まれたことで、地元経済が立ち遅れることになる。

盛岡藩が新政府から甚大な賠償金を要求されたことは、家格が高い原家にも影響した。盛岡城外本宮村にあった父祖伝来の広壮な家屋敷を取り壊し、献金に当てたため領田の大半を失う結果となった。

なお、賊藩の汚名を払拭《ふっしょく》する目的もあり、明治三（一八七〇）年に旧藩主南部利剛の息女郁子《いくこ》と華頂宮博経親王《かちょうのみやひろつねしんのう》との間に婚姻が成立している。

第二節　原敬の上京

作人館の再開

戊辰戦争に敗れた盛岡藩は、教育面での痛手も大きかった。教授江帾梧楼、助教佐々木直作が首謀者として捕らえられてしまったため、藩校の作人館は休校に追い込まれた。各地の郷学も休講に追い込まれ、この状態は一年半ほど続いた。

やがて作人館は再開されたが、旧来の体制ではなかった。文明開化という新政府の方針の下、洋学教育が採用された。洋学所が設置され、洋書の翻訳や洋式隊列の訓練などが科目に加えられた。一般教育の初等教育機関として小学教育が立案された。藩士のための学校から一般庶民を含んだ学校へと脱皮したのである。

盛岡藩権大参事野田玉造が藩学学令兼務を命じられ、明治三（一八七〇）年一月二十一日、作人館修文所が開校した。

藩知事の南部利恭は当時十五歳で、入寮寄宿して作人館で学び始めた。

原健次郎も十四歳の時、作人館修文所開校とともに入学した。それ以前は遠い親戚の太田代直蔵《おおたじろなおぞう》、自宅に近かった小山田佐七郎などから書道・漢学・算術などを学んでいた。武家の素養をしっかり身につけさせようと、母リツが寺子屋の英才教育を受けさせたのである。

原は作人館修文所には当初自宅のある本宮から通ったが、七月に入寮した。十月には藩費生となり、和漢の史書を中心に学んだ。原の関心を引いたのは『太平記』『日本外史』、朱子の『近思録《きんしろく》』だった。

翌明治四年春には句読師《くとうし》心得となっているから、学問の上達は顕著だった。七月には幼名である健次郎から敬と改名している。

原敬は約二年間学んだが、作人館修文所で一緒に学んだ仲間に物理学者として大成した田中舘愛橘、新渡戸稲造と親しかった佐藤昌介、那珂通世《なかみちよ》らがいる。佐藤昌介は後に北海道大学初代総長となった。那珂通世ほ東洋史学の権威となった。通世を養子にした江帾梧楼改め那珂通高《なかみちたか》はすでに紹介した通り、作人館の礎《いしずえ》を築いた人物で、上京した原敬の面倒を見た人物である。

小田為綱との出会い

作人館修文所での教育について、原敬が総理大臣をした際に番記者として親しく接した前田蓮山は次のように記している（『原敬伝』）。

健次郎（原敬の幼名）は修文所へ入つたのである。修文所は北寮、中寮、南寮の三つに分かれ、中寮は当時まだ学生であつたところの藩知事南部利恭の学室と、大講堂とがあつた。南寮は洋学部で、あやしげな先生が、あやしげな英語を教へた。北寮は漢学を主とし、国学も授けた。健次郎はこの北寮に入つたのである。（中略）

修文所に小田為綱《おだためつな》といふ先生があつた。彼は後年改進党に加盟し、二回ほど代議士に当選した人物であるが、かつては藤田東湖などにも接触したこともあり、世界の大勢に通じ、頗る進歩的な、憂国慨世の士であつた。

この先生が、痛烈に新政府を攻撃し、生徒たちの薩・長に対する敵愾心《てきがいしん》に、油をそゝいだのである。（中略）。小田為綱は薩長政府に対し、上は御誓文にそむき下は人民を欺瞞《ぎまん》する奸族《かんぞく》であるといつて攻撃した。

小田為綱は天保十（一八三九）年盛岡藩野田通宇部村（現久慈市）に、御給人小田長十郎（継弥）、妻ルイの長男として生まれた。嘉永六（一六五三）年十四歳になり、盛岡に遊学。さらに、安政六（一八五九）年には江戸に上り、吉野金陵塾に入門した。文久元（一八六一）年には再び江戸に出て、昌平黌《しょうへいこう》で中村敬宇《なかむらけいう》に入門するなど儒学を極めた。その学才は際立っており、明治二年八月再興した作人館に迎えられたのだ。

小田為綱の教えは、原敬の反骨心に火を点けたと推測される。原は、楢山佐渡が切腹した日の記憶を何度も思い返したに違いない。佐渡の無念を自分のことのように感じ取ったに違いない。

為綱はかつて江戸で学問をしたことがあり、尊王志士たちとの交友があった。すでに紹介した通り、小田為綱らの尽力で盛岡藩の盛岡への復帰は実現したのであり、為綱の言動は原の心を揺さぶったであろう。薩長打破を実現するためには、東北の田舎にくすぶっていてはダメだ、ぜひとも上京しなくてはならぬ、という小田為綱の教えもあり、原は上京したいと思うようになった。

上京し、共慣義塾で学ぶ

明治三（一八七〇）年七月十日、南部利恭が盛岡藩知事を辞任し、新たに盛岡県が置かれるようになった。

同年十月、作人館は盛岡県学校と改称され、編成替えが行われた。

翌明治四年九月、盛岡県学校は盛岡洋学校へと転換を余儀なくされた。和漢学がなくなり、専ら洋学を教える学校になった。この年は廃藩置県が行われた年でもあり、旧武士階級の動揺は大きかったと推測される。

作人館が閉校になったため、原敬は同年十二月上京した。武士階級がなくなった以上、家老の孫という出自は意味をなさなくなった。盛岡にいても未来はない。二年ほど作人館修文所で学んだ原は、そう思って上京した。

前田蓮山は『原敬伝』で、「斯くして南部藩は亡びた。然るに天は、一人の復讐者――雪辱者を残した」と書いている。復讐者として、原は東京の土を踏んだ。盛岡藩（南部藩）の受けた屈辱を晴らすことが一つの目標となった。原は盛岡藩出身という意識を終生持ち続けたのである。

原は俳句を嗜《たしな》んだが、号を「一山」とした。この件に関して前田蓮山は「彼は、後年、雅号を一山と称した。逸山と署したこともあつたが、それも一山の字音を取つたのである。ところがその一山は、一山百文の略であつて、一山百文と刻した印を用ひた場合もあつた。これは単なる諧謔であつたらうか。決してさう早合点してはならない。一山百文といふのは、戊辰の戦争で勝ち誇つた薩・長人が、敗残の東北人を嘲笑した慣用語であつたのである。この事実を考へなければ、彼が一山と号した真意はわからないのである」と書いている（『原敬伝』）。

原は生涯戊辰戦争の敗北により盛岡藩の人々が受けた屈辱を忘れなかった。それは号を「一山」とした点に現れている。政治家として頂点に昇り付く直前に、自らが中心となり旧南部藩士戊辰殉難者五十年祭を盛大に行ったことからもうかがわれる。

上京した原はまず、深川佐賀町に住んでいた那珂通高を訪ね、世話になっている。そこで合流した栃内元吉と共に、共慣義塾に入った。

共慣義塾は明治四（一八七一）年十二月に創設された。南部家が旧藩の優秀な子弟のために開校した、英語を教える学校で、発案者は家令の山本寛次郎、塾頭は南部信民《のぶたみ》だった。藩主だった南部利恭が東京に移住した際、京橋区木挽《こびき》に設置されたが、翌年二月新富町に塾舎を移転した後、湯島天神下に移った。戊辰戦争に敗れ「賊藩」とされたために後れを余儀なくされた盛岡藩を、教育によって再開させようという意図が南部利恭とその側近にはあったと推測される。後年原敬や新渡戸稲造、国際的な物理学者となった田中舘愛橘などがこの塾から出たことを考えれば、人材育成を掲げた共慣義塾の目的は十分に達成されたといってよいだろう。

この塾の月謝は二円、寄宿料一円で学費は安いとはいえず、工面は容易ではなく、原敬の母は母屋を残して住宅を売り払い、学費に充てたといわれている。

すでに紹介した通り、父直治は元治二（一八六五）年四月二日、五十歳で亡くなった。四十二歳の母リツには九歳の健次郎を含め、七人の子供が残された。リツは浅井長政の一族である原家の出自に誇りを抱いており、女手で育てたためろくでなしの人間になったといわれたくない、と常々原に語った。そのこともあり、原をひとかどの人間にするために、学費を惜しまなかったのである。

共慣義塾は門戸を広くしたため、後に総理大臣になる犬養毅《いぬかいつよし》も学んだが、次第に人が集まらなくなり、閉鎖された。

洗礼を受ける

原は共慣義塾には三カ月ほどしかいず、流転の日々を過ごした。栃内元吉とともに横浜の高島嘉右衛門が開いている塾に行き学僕になろうとしたが、門前払いされた。続いて岸俊雄の洋学塾に学んだが、数カ月で退学した、その間、海軍兵学寮（海軍兵学校）を受験したが、失敗している。明治五（一八七二）年十一月、原はマリン神学校に入学し、学僕《がくぼく》になった。翌年四月、フランス人エブラールにより、洗礼を受けている。エブラールは普通の宣教師とはことなり博学多能な人で、後年フランス公使館の通訳を務めた人である。洗礼名は「ダビデ・ハラ」だった。

原の場合は、後に紹介する新渡戸稲造の場合とは違い、生活のためという側面が強いと推測される。エブラールから原はカトリックの教えを学んだが、そのかたわら、フランス語を徹底的に学んだ。明治七年春からは、新潟に作られた教会に赴任するエブラールに随行し、新潟で過ごした。学僕としての生活は安定していたが、翌年原は盛岡に戻った。原が洗礼を受けたことに関し、身近に接した養子の奎一郎《けいいちろう》（貢《みつぎ》のペンネーム）は「原敬はこのとき十八歳であったが、信仰に身をゆだねる誠意は持ち合わせなかった」と書いている（原奎一郎『原敬』）。プロテスタントの一派であるクエーカーに帰依《きえ》し信心深かった稲造とは違い、原のキリスト教信仰は過渡的なものに過ぎず生きるための方便であったと推測される。

なお、原がカトリック神学校を選んだ背景として、親友佐藤昌介の影響を受けた可能性もある。明治四年、大学南校の学生だった昌介はキリスト教団体の横浜修文館でドクター・ブラウンから英語を学ぶうちにキリスト教に関心を抱き、英文の聖書を入手していた（高橋文彦『颯爽と清廉に・原敬』）。

原は分家・別戸の相談に実家に戻った。明治八年五月二十二日、原は母リツ、兄恭と相談した。四民平等の世の中になったので、「士族」ではなく「商即平民」に届けたいと原はいい、了承された。

なお、原の動静を知る上で貴重な資料となっている、日記を原が書き始めたのは明治八年四月十四日の帰省日記からで、原は十九歳だった。原敬の日記は長く遺族の手で保管されてきたが、養子貢が原没後三十年の節目である昭和二十五年に『原敬日記』と命名して乾元社から刊行し、公に知られることとなった。

士族に生まれた原だが、明治八年六月三十日、「平民」になった。分家なので、母と兄は生家の建っている岩手郡本宮村九十八番地の隣の九十三の一と九十四の二（現原敬記念館の前庭）を分筆《ぶんぴつ》して敬にやることにした。役場に登記した戸籍謄本の原本は原敬記念館に保管されている。十九歳の時である。リツは分家・別戸を記念して、祖父の直記が藩主から頂いた「三ツ割桜」の御紋を敬に授けた（木村幸治『本懐・宰相原敬』）。リツはそれまで、いつか家紋として使おうと大事にしまっていたのである。

とはいえ、桜の家紋は大変珍しく、桜の花は短い期間で散りゆくということから、家紋としてはあまり使われなかったようだ。すでに紹介した通り、菩提寺である大慈寺ではこの家紋を使っている。

また、この頃それまで武士に与えられていた俸給（家禄）を全廃し、かわりに退職金の形で現金と公債を与えるという秩禄《ちつろく》処分のおかげで、原家では敬の学費が工面できるようになった。原家には三〇〇〇円（現在の約二三〇〇万円）の現金と同額の公債がはいったはずだという（季武嘉也《すえたけよしや》『原敬　日本政党政治の原点』）。

原は明治八年九月、役場に「出立寄留聞届書面」を提出しているが、その書面には「洋学修行之為め明五日出立東京府下へ寄留仕候此段御聞届被下度奉願上候已上」と書かれており、保証人となっているのは原家の産土神《うぶすながみ》である大宮神社の別当・鈴木只記だった（新渡戸仙岳『仙岳随談』）。

司法省法学校を放校処分

明治九（一八七六）年九月十一日、二十一歳になっていた原敬は司法省法学校に入学した。

司法省法学校は明治五（一八七二）年に開校した。法学校は東京都中央区呉服橋付近にあり、寄宿舎は旧戸田藩邸にあった。前身は司法省明法寮である。明治十七年十二月東京法学校に移管し、翌年東京大学に併合された。明治十九年三月東京大学は帝国大学と改称、法・医・工・文・理の五文科大学から構成される総合大学に発展している。

原が入学試験を受けた際二千人が受験し、合格者は三百七十人だった。入学試験は法学志願書と学業履歴書による書類審査と論文である。原は二番で合格した。

原が入学当時法学校は予科と本科四年ずつ、計八年で卒業することになっていて学生は寄宿舎住まいで月に小遣い一円五十銭、食費四円五十銭を支給されていた。

当時二年半前にのろしをあげた自由民権運動は下火となっていて、政府の弾圧が厳しくなっていた。同年十月には神風連の乱、萩の乱が起こっている。

この学校を無事に卒業すれば、将来は約束されたも同然だった。

だが、明治十二年一月に起きた賄征伐《まかないせいばつ》事件《じけん》に原は巻き込まれた。法学校の食事は朝はパンにスープと卵一個、昼は軽い西洋料理、夜は日本料理だったが、次第に量も質も落ちてきて、学生の間に不満は湧き起こった。

ある日の夕食、学生たちはわざと多く食べ、賄人《まかないにん》に食事の追加を要求して困らすという手段に出た。米を炊け、炊かないで言い争いになった。

学校側はこのときの騒ぎに対して、首謀者二十人を突如寄宿舎から追い出して保証人預かりとした。原は首謀者にはならなかったが、校長の処分が重すぎるとして、国分高胤《こくぶたかたね》、陸實《くがみのる》、河村譲太郎らと共に校長と談判したが、受け入れられなかった。結果的に春季大試験後、成績不振を理由として原、国分、陸、加藤恒忠《かとうつねただ》ら十六人が放校処分となったのである。

原や陸らは直接自分に関係がないのに、仲間のためを思っての行動だったが、義侠心が裏目に出た形となった。原らは同年二月に放校になった。原は三年間在籍したが、卒業できなかった。原は藩校作人館の修文所を経て上京、共慣義塾に入学したが学費が続かずに退学、苦難の末に入った司法省法学校も放校処分となった。

つまり、原は一度も卒業証書を手にすることはなく、学歴といえるものはない。それでも、原は自らの才覚で人生を切り拓いていったのである。

放校処分となった仲間のうち陸は弘前生まれ。後に新聞界に身を投じ、『東京電報』『日本』を創刊するなどジャーナリストとして活躍した。雅号は羯南《かつなん》である。加藤恒忠は松山生まれ。後にフランスに留学し、外交官となった。原は加藤との交際は生涯続き、原の葬儀に加藤は出席している。

なお、大正六（一九一七）年二月七日、司法省法学校の同窓会が開かれ、原は出席し和やかなひと時を過ごしている（『原敬日記』）。

『郵便報知新聞』記者に

途方に暮れた原は、同郷の先輩になる阿部浩を頼った。阿部は原より四歳年長で、工部省に勤めていた（役職は権小書記官）が、上司に当たる、権大書記官の中井弘を紹介したのである。原は中井の紹介で郵便報知新聞社に入社した。明治十二年四月のことである。月給は二十円で、法学校を放校されてから九カ月経っていた。

『郵便報知新聞』は明治五（一八七二）年、郵便制度を築いた前島密《ひそか》によって創刊された新聞で、後に藤田茂吉《ふじたもきち》など慶應義塾関係者が入社して、改進党系の新聞となる。

なお、このことが縁で、原は後に、中井弘の長女・貞子と結婚した。

『郵便報知新聞』では、エブラールから学んだフランス語が役立った。横浜で発行されていたフランス語の新聞からおもしろい記事を翻訳したり、アナトール・ラングロアの『露西亜《ロシア》国勢論』を翻訳して版権を取得して刊行した。原にとって、最初の単行本である。

原は明治十二年刊行の初の著書、『露西亜国勢論』を生家近くにあった塾の先生である小山田佐七郎に寄贈した。小山田は「御厚志のしだい感悦のあまり歎美のいたり、感涙とめどなく両袖をぬらし申し候」（明治十三年四月二十五日付）と、教え子の成長を喜ぶ手紙を原に送っている。

その一方、原は甲府の『峡中新報』に鶯山樵夫《しょうざんしょうふ》のペンネームで論文を寄稿するなど、入社してからの活躍は目を見張るものがあった。

郵便報知新聞社で次第に頭角を現した原は藤田茂吉に認められ、二十四歳で論説を担当するようになった。原が執筆した最初の社説は明治十三年八月三日の「官民相対するの道を論ず」で、政府と国民との対話のあり方を論じている。後に原は藩閥政治を批判し、政党政治を導入したが、その萌芽《ほうが》がすでにこの論説からうかがわれる。

明治十三（一八八〇）年十一月四日の紙上には、「政体変更論」を題する論文を掲載した。これは立憲政体は国体の変更であるから軽々に行うべきではないとした右大臣岩倉具視《いわくらともみ》らの議論に反対したもので、新聞条例により罰金三十円に処せられたが、民主思想（デモクラシー）に基づいた論文だった。原はイギリス流の民主思想にすでに通じていたのである。

さらに、同年（明治十三）九月三日には、「革命論」を書いている。この論文はフランス革命を例に挙げながらモンテスキュー、ルソーなど思想家の理論を紹介、真の革命は確固とした制法者によらなければならないとしている。

原は郵便報知新聞社に入社する直前、明治十二年二月二十日、中江兆民の塾に入り、五カ月ほどフランス語を学んでいる。フランス語を中江に懸命に学んだことが後に大いに役立った。中江兆民はルソーを日本に紹介した人として知られるが、あるいは原は中江にルソーに関して教わっていたのかもしれない。中江兆民が亡くなった際、原は忙しい間を縫って葬儀に出かけている。

阿部浩を援助

原は、世話になった恩を忘れない人だった。司法省法学校を放校され途方に暮れていた原を阿部浩は助けたが、後年逆に阿部浩を原が援助している。

大正八（一九一九）年六月、原は内閣総理大臣に就任していたが、井上東京府知事の急逝に伴い、後任を決めなければならなかった。その際、原は有力者の山縣有朋《やまがたありとも》に根回しした上で、阿部浩に府知事を依頼している。『原敬日記』（大正八年六月十九日）には「床次内相を招き東京府知事に阿部浩を採用するの件其他本日親愛会等の事に付山縣と談話の大要を参考に告げ置きたり」と記している。

とはいえ、大正九年、十年と東京では東京ガス疑獄などが起こり、市参事会員、市会議員などが検事局に召還された。腐敗、疑獄の疑いは東京府知事阿部浩まで及んだ。この際、原は阿部府知事を辞職し公職を去ることで、刑事事件にならないよう決着を図った。『原敬日記』（大正十年六月四日）には、「腰越別荘に赴く。阿部浩を招き、裁判の上には公明とならんも知れざれども、同人の行為は或は起訴を免れざるやも知れず、但、公生涯を去らば或は宥恕せられんも知れずと告げ、彼貴族院議員をも辞して公生涯を去る事を明言せり」と記している。総理大臣となっていた原でも、阿部浩をかばいきれなかったのである。

第三節　新渡戸稲造のルーツ

新渡戸稲造のルーツ

一方、原敬が生まれた六年後の文久二（一八六二）年八月八日（新暦九月一日）、新渡戸稲造は盛岡・鷹匠小路《たかじょうこうじ》に父十次郎、母勢喜《せき》の三男として生まれた。幼名は稲之助だったが、徳川家達《いえさと》・幼名亀之助が翌年生まれ宗家を継いだが、陪臣《ばいしん》の子が将軍家と似た名を帯びることをはばかり、稲造と改名した。

祖父が家老を務めた原敬の家系には及ばないものの、稲造もまた盛岡藩重臣の家の出である。新渡戸氏と盛岡藩との関わりは、新渡戸氏第三十三代春治の時代に始まる。慶長三（一七九八）年、新渡戸春治は盛岡藩祖・南部信直《なんぶのぶなお》の招きによって、和賀氏江釣子村（現北上市）から安野村（現花巻市高松）に移り住み、以来盛岡藩の家臣として仕えた（花巻新渡戸記念館『新渡戸氏を召抱えた南部藩主〜南部信直と南部利直〜図録』）。父十次郎（新渡戸氏第四十二代）は盛岡藩御勘定奉行を務めていた。十次郎に関し稲造は、次のように述懐している（新渡戸稲造『幼き日の思い出』）。

父は公務でたびたび江戸へのぼり、そこで江戸詰めの留守居役を務めた。字義通り「留守の間に居る」、つまり殿様が御不在の間、居なければならぬ人であった。殿様の代理としてのこの役職は、多方面の人々との交際を要した。彼は完璧な紳士で、あらゆる文武の才芸に精通していた。

祖父傳《つとう》（新渡戸氏第四十一代）も御勘定奉行で、安政二（一八五五）年には三本木原（現青森県十和田市）で新田開発の計画を立て、盛岡藩の許可を得た上で十和田湖から水を引く大工事を進めたことがあった。工事は成功し、不毛な土地が美田に生まれ変わった。十和田湖から不毛の土地といわれた三本木へと流れる農業用水を見て、藩主南部利剛は稲生川《いなおいがわ》と名付けた。完成するまで六年、投じられた資金は三万四千両という（内川永一朗『晩年の稲造』）。

稲造が生まれたのはこの農業用水路が完成した翌年で、稲生川にちなんで、稲之助と名付けられたのである。吉田義昭編『南部家士・諸職人総録』によれば、万延元（一八六〇）年時点での傳は「一〇五石五斗八升二合　内一二石五斗三升八合御金方」を給せられていた。

稲造の先祖、三十三代春治から四十代維民《これたみ》（傳の父）まで新渡戸家は現在の花巻市で過ごし、新田開発に従事するなど花巻の発展に貢献した。

その功績を顕彰し、平成六（一九九四）年三月には花巻新渡戸記念館がオープンした。奇しくも車で五分足らずのところには、宮沢賢治記念館が建っている。賢治は当然、郷土の新田開発に貢献した新渡戸氏のことは知っていたに違いない。また、賢治の祖父喜助が新渡戸伝の行った三本木原開発に経理係のような形で参加したことも伝え聞いていたかもしれない。

十次郎は傳の事業を継続しようとして、慶応二（一八六六）年九月、小川原沼《おがわらぬま》から青森湾に運河を通す計画を立てた。

だが、この計画は頓挫した。事業費の捻出方法に問題があるとされ、十次郎は藩侯の命により外出禁止とされた。さらにその後、禄百石を没収され廃嫡、盛岡で蟄居の処分を受けた。

失意の十次郎は翌慶応三年十二月二十四日、世を去った。四十八歳だった。稲之助は五歳で父を失った。

叔父太田時敏

盛岡藩が奥羽越列藩同盟を裏切った秋田藩と戦ったことはすでに紹介したが、弘前藩も同盟を裏切り、盛岡藩と交戦した。野辺地《のへじ》の戦争では、弘前藩に七戸と八戸の兵が応戦し、盛岡藩は戦いに敗れた。新政府軍からは、盛岡藩の総督だった楢内与兵衛の首を差し出せという要求が出された。

このとき、矢面に立たされたのが新渡戸傳だった。傳は当時、野辺地を支配する郡《こおり》奉行だった。傳はこの交渉に臨み、責任は自分にある。自分の首を取れと主張した。

会談は物別れに終わった。交渉の席での発言をすべて記録として残すため、傳は席を立つ際に懐から紙を取り出し、相手の名前、序列を聞き出して筆記したという（小笠原正明『佐藤昌介伝 北大を築いた南部人』）。盛岡藩の最高責任者の楢山佐渡の首さえもまだ取っていないのだから、当面楢内の首の件は仕方ない、という結論だった。

盛岡藩では責任を明らかにするため、佐渡に詰め腹を切らせようという動きもあったらしい。その際に介添え役を頼まれたのが、十次郎の弟・太田時敏だった。時敏は傳の四男で、十三歳で花巻の太田秀寿の養子になった。太田家は石高一二〇石で代官や町奉行を務め、戸田一心流の剣術師範として名を馳せた名門だった（佐藤孝「新渡戸稲造と先祖の地」、『新渡戸稲造研究』第十二号所収）。

時敏は佐渡の幕僚で、個人的にも親しかったので、きっぱりと介添え役を断った。時敏は薩長の人々の残虐な行為に怒りを覚え、やがて家や土地を売り払い、東京に移った（新渡戸稲造『幼き日の思い出』）。この叔父太田時敏に稲造は世話になる。五歳の頃の稲造を「うまく育てれば天下を動かす人物になるが、一歩誤ると大悪党になる」と傳は見抜き、「人は良い場所に居なければ伸びない」と時敏の養子に入れることにした。

なお、後に詳述するが、太田時敏と原敬は南部家をめぐって親密な関係になる。

原敬と同様、稲造も女手一つで育ててくれた母親の勢喜を尊敬していた。

勢喜は、やがて稲造の教育に手を焼き始めた。賢くはあったが、きかん坊で短気な稲造だった。末っ子で甘やかしすぎたのかもしれない。勢喜はそう、思うようになっていた。女手一つで育てる限界を悟った勢喜は、南部利恭の家令を務めた後に盛岡を去り、上京していた太田時敏を頼った。時敏夫婦には子供がなかったので、稲造を養子にする話が進んだ。

明治時代になり、盛岡藩は解体した。盛岡にいても未来はない。稲造は上京して未来を切り開く道を選んだ。明治四年八月、九歳の稲造は兄道郎と共に上京した。新渡戸稲造『幼き日の思い出』によると、駕籠《かご》で十一日間もかかった。

語学教育の必要性

文明開化を推進し、「西欧に追いつけ、追い越す」ことが新政府の目標だった。西欧の学問を身に付けるには、英語を学ばないといけない。そう思った稲造は、時敏の下から英語学校に通い始めた。時敏は明治五年（一八七二）年二月に大蔵省に入り、庶務課などで勤務していた。稲造はこの時敏に大きな影響を受け、学問に励んだ。稲造は次のように記している（『幼き日の思い出』）。

叔父は、お前には家名を辱めぬため、また代々仕えた殿様を辱めぬため、旧敵官軍の人びとを凌ぐ偉い人物になる義務があるのだ。（中略）勉強をどんどん続けろ。東北の人間が馬鹿者ばかりでないことを世に示せ。学問は冒険で、山あり谷ありだ。もし失敗したら御者になれ。鞭を手に馬車を走らせ、あの高慢な南の奴等に道をゆずらせるのだ。

翌九月二十七日、祖父傳が亡くなった。七十九歳だった。かねてより計画されていたことだが、傳の遺志により、稲造は正式に太田時敏の養子になり、太田稲造となった。

原敬と同様、新渡戸稲造も盛岡藩の家系に生まれ、賊藩となった盛岡藩の屈辱を晴らすために上京した。

原はフランス語を学習したことで自身の人生を切り開いたが、新渡戸の場合は英語だった。このふたりには、語学力で人生を切り拓いていこうとする共通点があった、

なお、原は自身の外交官体験などから語学教育の必要性を覚え、次のように記している（『原

敬日記』明治四十四年四月八日）。

英語を小学一年生より教授するの必要なることを説きたり、此英語教授の事は教育社会にも問題となり居るやに伊澤修二が云ひたるも、彼等は四年生位より教授する考なる由、余は日本人民の世界に向かつて発展するには外国語の必要なる事を深く感じ居り、政友会の調査会等に於ても此意見を発表したる事ある位に付此会に於て彼等の参考に一言せしなり。

第三章　佐藤昌介と北海道帝国大学

第一節　新渡戸稲造と佐藤昌介

佐藤昌介との出会い

明治五（一八七二）年、新渡戸稲造は共慣義塾に移った。原敬が学んだ英語塾である。原と稲造は出会った可能性があるが、内川永一朗・小森一民編著『新渡戸稲造年譜』にはその記載はない。原は三カ月ほどしかいなかったので、稲造が入塾したとき、すでに塾をやめていた可能性が高い。

明治六年九月、稲造は東京外国語学校（後の東京英語学校、東京大学予備門）に入学し、翌年には東京外国語学校官費生となっている。大学南校（後の東京帝大）を目指すための学校で、寄宿舎生活が始まった。そこで出会ったのが、生涯を左右する佐藤昌介である。昌介はすでに紹介した通り、原敬とも密接な関係にあったが、新渡戸との関わりを中心にその歩みを紹介する。

佐藤昌介は東京英語学校の一級上で、太田時敏と昌介の父・昌蔵が盛岡藩の役人同士、旧知の間柄だったのでたちまち親密になった。昌介は安政三（一八五六）年十一月十四日生まれで、稲造より六歳年長だ。原敬とは同年生まれで、ふたりは作人館時代に知り合っていた。作人館時代、昌介は模範生で通っていて、その人柄を見込んだ時敏はことあるごとに稲造に、昌介を見習うように諭したという。

実際稲造は寄宿舎学費滞納問題を起こし、舎監《しゃかん》から譴責《けんせき》処分を受けたことがあった。思い余った時敏は、昌介に稲造の指導を頼んだ。昌介は快く引き受け、稲造と共同生活を始めた。稲造も昌介を兄のように慕った。ふたりの絆は深まり、生涯に及ぶ友情が培われていった。

明治九年六月二日、明治天皇が東北巡幸に出発した。明治天皇の全国巡幸は陸軍省の建議でなされたもので、若き天皇に直接全国各地の風俗や人情に触れてもらうと共に、明治新政府が天皇を中心とした国家であることを国民に知らしめるのが目的だった。天皇を現人神に仕上げたのは岩倉具視である。天皇の尊厳を直接見せる天皇の巡幸をかつて「朝敵」であった東北地方から始めたのは岩倉具視の戦略であった（松本清張『象徴の設計』）。

七月十二日、天皇は青森県三本木の新渡戸家に立ち寄った。稲造の母が拝謁《はいえつ》した。その際に天皇は同地開拓の現地を視察後、稲造の父や祖父を賞し、子孫を激励し、金一封を下賜《かし》している（七月十二日、右大臣岩倉具視より、五十円目録）。

稲造をこのことを母勢喜から聞かされ、感激して農学を志すようになる。下賜金で稲造は英語の聖書を購入した。後に洗礼を受ける稲造だが、この頃すでにキリスト教に大きな関心を抱いていた。

札幌農学校

稲造は明治十（一八七七）年、札幌農学校（現北海道大学）に第二期生として入学した。祖父傳、父十次郎に倣《なら》って開拓者を志し、農政を学ぶことにしたのである。すでに佐藤昌介は第一期生として入学していた。

明治政府は、北海道の開発を重要課題として考えていた。十分な予算を当て開拓事業を進めていた。初代開拓使長官となったのは、後に第二代総理大臣になった黒田清隆である。北海道開拓の要《かなめ》となる人材養成のために設立されたのが札幌農学校で、明治八年のことだった。

当時北海道の人口は十万人ほどに過ぎず、しかも道南に偏っていた。現在人口が二百万になろうとしている札幌だが、その頃は三千人ほどしかいなかった。

農学を志し、札幌農学校への進学を決めた稲造だが、経済的な理由もあった。時敏の事業が失敗したため、稲造の学費を賄えなくなったのだ。札幌農学校は授業料、寄宿料などの生活費用がすべて官費で賄われていた。

西南戦争

明治十（一八七七）年二月に起こった西郷隆盛らを政府軍が制圧した西南戦争に、太田時敏や稲造の兄二人（七郎、道郎）が従軍している。稲造はその件に関して、「私の叔父は、維新戦争で藩を辱しめた薩摩に恨みを晴らす機が熟したと考え、警官隊の隊長に応募し、南へ向かって進撃した。私の上の兄も自費で故郷から新兵約百人の一団を募り、政府軍に加わった。病身の兄も一兵卒として参加した」と記している（新渡戸稲造『幼き日の思い出』）。

この三人以外にも多くの盛岡藩関係者が西南戦争に従軍した。これは賊藩とされた盛岡藩の人々が明治新政府の危機的状況に参画して名誉を回復したいという思いの現れといってよいだろう。

稲造が洗礼を受ける

札幌農学校で稲造は充実した学生生活を送った。内村鑑三や宮部金吾との出会いがあり、生涯の友情を結んだ。佐藤昌介もいたので、心配のない学生生活を送ることができた。

「少年よ、大志を抱け」で有名なアメリカ人から来ていたクラーク博士はすでに当地を去っていたが、札幌農学校にはクラーク博士の精神や図書が遺されていた。クラークはキリスト主義教育を徹底させたため、稲造ら二期生は一期生から執拗《しつよう》にキリスト教への入信、聖書研究会などへの勧誘を受けた。

明治十一（一八七八）年六月、稲造は内村鑑三や宮部金吾などと共に、洗礼を受けた。稲造のクリスチャンネームはパウロだった。原敬はカトリックだったが、稲造はプロテスタントだった。稲造は英語の辞書をむさぼり読んだ。この頃稲造はしっかり勉強して名を挙げよという母勢喜の言葉に応えて猛勉強し、農学校の蔵書の理科系のもの以外の英書は一冊残らず読んだという。暗いランプの下で小さい字の英書を読み過ぎて眼が一気に悪くなり、稲造はメガネを一生かけることになった。

明治十四年七月九日に稲造は農学校を卒業した。前年母勢喜が五十六歳で亡くなっており、稲造は母の死に目に会えず、なきがらと対面した。

佐藤昌介と栃内元吉

佐藤昌介は稲造が札幌農学校を卒業した明治十四（一八八一）年七月、淡路島出身の稲田ヤワと結婚した。媒酌人は栃内元吉《とちないもときち》夫妻。栃内はすでに紹介したが、原敬と共に共慣義塾に入学した人物で、佐藤昌介とも作人館時代に知り合っていた。

栃内は原敬と共に入った共慣義塾を経て、明治五年五月、月給十円で開拓使に採用された。函館から室蘭を経て札幌に至る国道の建設を進めるのが最初の仕事で、いわば道路工事の監督である。この道路工事は総工費百十六万六千円を費やし、三年がかりで行われた大仕事だった（小笠原正明『佐藤昌介伝　北大を築いた南部人』)。

工事終了後の明治十年、栃内は札幌警察所の庶務係に採用された。ところが同年、鹿児島で西郷隆盛が蜂起し、西南戦争が始まった。栃内の上司、札幌庁長の堀基《ほりもとい》は屯田兵大佐を兼ねていて、総指揮官として小樽から出陣した。それを聞いた栃内は、警察署を飛び出して小樽へと向かった。屯田兵に志願したのである。栃内の父理平は盛岡藩が戊辰戦争で敗れ白石に転封された際に、四十二歳で過労死していた、一家はそのために困窮した。薩摩の西郷隆盛は父親の仇だった。栃内を含む堀基の屯田兵部隊は熊本県の百貫石に上陸、勇敢に戦った。

なお、西南戦争当時、原敬は『郵便報知新聞』で記者をしていた。同僚の犬養毅《いぬかいつよし》は従軍記者として戦地に赴き、数々の特報を上げたが、原は静観していて自らの勉強に余念がなかった。

西南戦争終了後栃内は青森・秋田・岩手に出向いて屯田兵《とんでんへい》募集に従事したが、やがて佐藤昌介の妹・直子と結婚し、昌介とは親戚になった。栃内は後に屯田兵中佐に昇進、北海道の開拓に一生を捧げた。栃内元吉の弟は後に海

岩手県民会館近くにある新渡戸稲造像
（高田博厚作）

軍大将になった栃内曽次郎である。

第二節　原敬と佐藤昌介

原敬の札幌農学校訪問

稲田ヤワと結婚する前年、明治十三（一八八〇）年に札幌農学校を二位の成績で卒業した昌介は日本で初めて農学士の学位を得て、開拓使御用掛に採用された。母校の付属農場の管理と本科の農業実習を担当、初任給は三十円だったが、二カ月後には四十円に昇給した。当時二十円あれば妻子を養い、住み込みの家事手伝いを雇うのに十分で、恵まれた境遇だった（小笠原正明『佐藤昌介伝　北大を築いた南部人』）。

だが、昌介はそれまで学んできた学問が北海道の開拓現場では役に立たない、と実感するようになっていた。成功を収めていたアメリカの農場経営に接し、実際に役立つ学問を身に付けるためにアメリカに留学したいという気持ちが強くなってきていた。

そんな折、明治十四年八月、作人館時代の親友・原敬が『郵便報知新聞』の記者として訪ねて来た。論説を担当するようになった原は明治十四年五月から、太政官大書記官を辞職後元老院入りしていた渡辺洪基《わたなべこうき》に随行し、東北・北海道を巡っていた。その成果は「海内周遊日記」として紙面に掲載されたが、その取材旅行で佐藤昌介や栃内元吉を訪ねたのである。渡辺洪基は福井藩主・松平春嶽《しゅんがく》の旧臣で、伊藤博文と親しく、薩長閥とは一線を置いているリベラリストだった。賊藩とされた盛岡藩出身の原は、徳川縁故の者に親しむ傾向があった、と『原敬伝』などを書いた前田蓮山は述べているが（『原敬伝』）、松平春嶽は幕末の徳川幕府のリーダーの一人である。

原敬と会ったことで、昌介はアメリカ留学を決断した。留学すべきか迷っていた昌介に、原は「アメリカに渡るべし」と友の背中を押したのである。かくて、昌介は官を辞し、自費でアメリカに留学することになる。佐藤昌介のアメリカ留学は、新渡戸稲造に影響を与えるが、その決断を促したのが原敬だった。

新聞人原敬

原敬は札幌を訪問した後、青森に戻り旧会津藩士だった広沢安任《ひろさわやすとう》が谷地頭《やちがしら》（三沢の北）に開いた洋式牧場を見学した後、南に広がる三本木原に進んだ。この周辺はかつて新渡戸傳が藩主南部利剛を説得して、十和田湖から利水を図り成功した土地であり、明治九（一八七六）年明治天皇が東北巡幸の際に訪れたことはすでに記した。そのことがきっかけで新渡戸稲造は札幌農学校に入学することになるが、その場所を原は記者として訪れているのである。原は以下のように新渡戸傳について書いている（「海内周遊日記」）。

傳氏は三十余の時田名部に遠流され爾後《じご》十年間斗り商業に従事し其時分十和田に木材を得るが為めに屡々《しばしば》往来して始めて此地を見立たりと聞く後く〔ママ〕免せられて盛岡ニ帰り六十三歳の時始めて素志を達して開墾に従事せりと聞く

原は新渡戸稲造の祖父・傳について、知っていた。親友の佐藤昌介は稲造の兄貴分である。佐藤昌介との間で、稲造のことも話題に上ったかもしれない。

原の「海内周遊日記」を読むと、明治維新で没落した士族、賊藩とされた人々の運命に同情し、その事業の成否に注目し書き留めていることがわかる。たとえば、かつての盛岡藩領で秋田県に編入された小坂鉱山を訪ね、大島高任《おおしまたかとう》に現況を尋ねている。

原自身盛岡藩家老の孫として生まれ、賊藩とされた悲哀を身を以《もっ》て感じて来たので、運命に翻弄された人々の帰趨《きすう》は他人事とは思えなかったに違いない。そうした見聞は後に、内閣総理大臣に昇りつめる原動力になったと推察される。

なお、原は明治十四年の政変で下野《げや》した大隈重信の一派が『郵便報知新聞』を買収した後、そのグループとそりが合わずに退社している。その後、関西に行き、立憲帝政党の関西地区での機関紙『大東日報』の主筆となった。月給八十円（現在の五十八万円）と高給を得たが、新聞は売れず、政党の党勢は振るわなかった。そのこともあり、原は半年後に退社し東京に戻った。

原はその後も、『大阪毎日』や『大阪新報』と関係するなど新聞と密接な関わりを持った。それだけに新聞に対する愛着があったようで、養子の奎一郎が大臣を辞めたらまた新聞でもやるか、と妻の浅に語ったという逸話を紹介している（原奎一郎『ふだん着の原敬』）。原は新聞人としての情熱を持ち続けたのである。

第三節　新渡戸稲造の留学

アメリカ留学

札幌農学校を卒業した新渡戸稲造は佐藤昌介と同様、開拓使御用掛となった。農学校卒業生は北海道開発の仕事に就くことが義務付けられていたためで、稲造は開拓使御用掛勧業課で働いた。北海道を巡見し、泥炭地の土地改良を研究する仕事である。

だが、稲造は次第にこの仕事に物足りなさを覚えるようになった。兄のように慕っている佐藤昌介はアメリカへ留学し、仲の良い内村鑑三や宮部金吾は上京している。身近に親しい人がいないことも不満に拍車をかけた。

明治十五（一八八二）年三月、稲造は農商務省御用掛となった。同年十一月一日には農商務省御用掛を兼務しながら、札幌農学校予科教授となった（内川永一朗・小森一民『新渡戸稲造年譜』）。仕事への不満を持ちながら生活は続いたが、稲造は仕事をやめることを決心する。

なお、同年には次兄道郎が菊池武夫の妹澄子と結婚している。菊池は安政元（一八五四）年生まれで、やはり盛岡藩校作人館に学んだ。開成学校を経て法学研究のためにアメリカに留学、帰国後法務省に入り、東京大学教授を兼ねた。後に中央大学初代学長となっている。

翌明治十六年五月、友人たちの跡を追うように稲造は上京し、秋から神田駿河台の成立学舎という予備校で英語を教えた。八月には農商務省御用掛を退職、九月には東京大学文学部の選科生になった。

このときの面接試験官は主任教授の外山正一《とやままさかず》だった。英文学を学びたいという稲造に、外山は「英文学をやってどうします」と尋ねた。その問いに対し、稲造は「太平洋の橋になりたい」と答えている。日本の長所を西洋に紹介し、西洋の長所を日本に紹介したい。英語を学んで西洋から長所を採り入れ、日本ではまだ学問として未熟な農学を根付かせたい。そういう思いが稲造にはあった。

稲造はやがて、大学の授業に失望した。一言でいえば、授業のレベルが低いと感じたのだ。英語が堪能な稲造は次々に原書を読破していたが、すでに自身が読んでいた本が大学にはなく、日本の学問が後れていると実感した。

きっかけは、アメリカ留学中の佐藤昌介が送ってくれたヘンリー・ジョージ『進歩と貧窮』という本だった。稲造がその本を読んでいるのを見た外山正一教授が自分はまだ読んでいないといい、日本の学術雑誌に翻訳し発表するように勧められたのである。本の奥付を見たら八年前の発行で、この大学のレベルは八年遅れていて、こんな大学では学んでも仕方がない、と思った（藤井茂『北大の父佐藤昌介　北の大地に魅せられた男』）。

明治十七年四月二十日、親友の宮部金吾に宛てた手紙では、「僕はこの大学での授業が段々嫌になってきた。僕はここでうんと学び得ると思った。しかし駄目である」と不満をぶつけている。稲造はアメリカ留学を決心した。佐藤昌介と同様、私費での留学である。

太田時敏はその決意に賛同し、公債証書を売って得た二千円のうち、千円を稲造に渡した。時敏は大蔵省を経て、明治十年に警視庁に入り、当初神戸に住んだが、その頃は東京で働いていた。八月に東京大学を退校した稲造だが、同月常陸《ひたち》袋田温泉で働いていた長兄・七郎を訪ね、留学することを報告した。このとき、七郎は餞別として三百円を稲造に渡している。なお、同年四月十一日、稲造と共に上京した次兄・道郎が亡くなっている。

ジョンズ・ホプキンス大学

九月一日、留学費用として千三百円を持った二十三歳の稲造は、アメリカの汽船サン・パブロ号に乗って、横浜を出帆した。

九月十五日、サン・パブロ号は無事にサンフランシスコに到着した。

稲造が目指したのは、東部ペンシルベニア州にあるアレゲニー大学だった。札幌農学校在学中に稲造は洗礼を受けているが、そのとき知り合ったM・C・ハリスからこの大学を勧められていたのである。アレゲニー大学でドイツ語、哲学史などを学び始めたが、この大学での日々は二週間で終わった。当時ジョンズ・ホプキンス大学で学んでいた佐藤昌介がそのことを伝え聞き、自分の大学に来るよう勧めたからだ。

昌介は一年ほど前からジョンズ・ホプキンス大学の大学院で学んでいた。ジョンズ・ホプキンス大学は一八七六年、ボルチモアの実業家、クエーカー教徒であるジョンズ・ホプキンズの遺産を基に創設されたばかりの新進気鋭の大学だった。現在では医学方面に優れた業績を残している全米屈指の大学となり、岩手医科大学と姉妹校提携を結んでいる（藤井茂『北大の父 佐藤昌介 北の大地に魅せられた男』）。

昌介は稲造にとって、兄貴分である。ひとり異国で学ぶより、親しい人が近くにいたほうがよい。そう思ったのかもしれない。稲造は昌介の勧めに従い、大学のあるボルチモアに移った。稲造はジョンズ・ホプキンス大学大学院の歴史・政治学科に在籍し、国際法、租税・行政論、ドイツ語などを学び始めた。

持参した千三百円はたちまち底をつき、アルバイトに追われる日々が続いた。苦学しているのは佐藤昌介も同じだった。ふたりは一緒に住み、安い下宿を転々として切り詰めた生活を送った。

そうした日々の中で、出会いもあった。ウッドロー・ウィルソンとの出会いである。ウィルソンもまた、ジョンズ・ホプキンス大学の大学院で学んでいて、すぐ近くの下宿屋に住んでいた。散歩して言葉を交わすことが増え、親しくなった。

ウィルソンは稲造より七歳年上で、バージニア州の生まれ。プリンストン大学卒業後弁護士を務めていたが、佐藤昌介と同じ年にボルチモアにやって来た。一八八六年に「連邦議会制論―アメリカ政治の研究」で博士号をとっている。その後その論文が認められ、母校プリンストン大学の教授、総長となった後に政界に進出した（佐々木篁《たかむら》『アメリカの新渡戸稲造』）。

一九一二年にウィルソンは民主党の大統領候補に指名されて当選、第二十八代アメリカ大統領となり、世界最初の平和機構である国際連盟の設立を提唱した。稲造が国際連盟事務次長として、スイスのジュネーブに赴くのは一九二〇（大正九年）年五月のことである。

ウィルソンは国際連盟を提唱し、その功績で一九一九年にノーベル平和賞を受賞したが、提唱国のアメリカは議会がベルサイユ条約を批准《ひじゅん》せず、国際連盟に参加しなかった。そのこともあり、ウィルソンは失意のうちに、一九二四年に亡くなっている。

後年稲造がロンドンのリテラシー・ラウンジという書店で本を読んでいたところ、突然ある女性が話しかけてきた。ウィルソンの妻だった。その奇妙な遭遇に関して、稲造は『東西相触れて』で記している。

メリー・エルキントンとの出会い

だいぶ以前に洗礼を受けていた稲造だが、キリスト教への信頼は盤石《ばんじゃく》ではなく、懐疑の念さえ抱き始めていた。

そんな中で会ったのが、クエーカー教だった。クエーカーというのは十七世紀にイギリス人ジョージ・フォックスによって興された一派で、徹底的な平和主義を特徴としていた。クエーカー信者が多いアメリカでは、「良心的参戦拒否」が認められている。フレンド派ともいい、熱心に祈禱や瞑想に浸り、霊的境地に達すると身を震わす（quake）ので、「クエーカー」（quaker）と呼ばれるようになった。

クエーカーの集会に出てみると雄弁に説教する牧師の姿はなく、讃美歌も歌わない。厳粛そのものの礼拝である。信徒はただ瞑想し黙思するだけで、それまで出たキリスト教の集会とは雰囲気が異なっていた。

これこそ自身が求めていたものだ。そう思った稲造は毎週のように集会に参加するようになり、ついにはクエーカー教徒となった。

ある日。クエーカー教徒のモリス夫妻の家に招かれた稲造は、ひとりの女性に出会う。女性の名はメリー・エルキントンといった。メリーは一八五七年八月十四日、フィラデルフィアに生まれた。稲造より五歳年長である。身体の弱い母に代わり家庭を守りながら、婦人組織のリーダーとして活躍していた。ふたりは初対面から、心が通い合うものを感じていた。稲造は折しも、出版社から「アメリカにおける婦人の地位」と題する原稿を依頼されており、稲造はメリーに協力を依頼した。それが縁で、ふたりは交際を始めた。

なお、安政五（一八五八）年、日本はアメリカと日米修好通商条約を結んだが、内容はアメリカ人の治外法権を認めるなど、不平等条約だった。そのこともあり、稲造はアメリカでの生活で屈辱を感じることがたびたびあり、たびたびメリーに手紙で条約改正の必要性を訴えたという（佐々木篁『アメリカの新渡戸稲造』）。

ドイツ留学

稲造の苦学は続いたが、佐藤昌介は明治十九（一八八六）年八月に帰国、母校札幌農学校の教授に就任した（同年十二月二十八日）。

当時、札幌農学校では教授陣が不足していた。そのこともあり、稲造の将来を心配していた昌介は、北海道庁長官の岩村通俊《いわむらみちとし》に働きかけた。その結果、アメリカ留学中の稲造を札幌農学校助教に任命するとともに、農政学の勉強のためドイツに留学させることが決定した。

そのことを手紙で知らされた稲造は、喜んだ。お金の心配をせずに、勉学を続けられるからである。

明治二十年五月、アメリカを出発した稲造はイギリス、オランダなどを経て、六月下旬ボンに到着した。

ボン大学で稲造は農政、農業経済学を学んでいる。翌一八八八（明治二十一）年十月にはベルリン大学に転校して、農業史・農政学を学んだ。さらに、プロシャ統計局に入り、統計学を研究している。

メリーとは離れ離れになったが、文通が開始された。遠く離れたことで逆に、絆が深まったといってもよかった。

一八八九年四月、稲造はハレ大学に転じ、統計、農業経済学を研究した。四月三十日に稲造は、新渡戸姓に戻った。これは同年四月六日、長兄の七郎が四十七歳で亡くなったためだ。次兄・道郎はすでに亡くなっていて、稲造が新渡戸家を継ぐことになり、太田稲造から新渡戸稲造に復姓したのである。

メリーとの結婚

当初ドイツへは三年留学の予定だったが、稲造は一年留学を延長した。ドイツ語にも堪能になり、一八九〇（明治二十三）年一月には「日本土地制度論」を独文で発表している。

メリーとの絆は深まっていったが、太田時敏もメリーの両親も当初二人の結婚には反対だった。ふたりは困難を乗り越える決心をする。

一八九〇年七月、ドイツでの留学を終えた稲造はアメリカに渡った。フィラデルフィアに寄って結婚する予定だったが、エルキントン家から訪問を拒絶された。

やむなく、ふたりはメリーの弟の妻サラ夫人の家に滞在した。翌一八九一年一月一日、ふたりはやっと結婚式を挙げることができた。メリーの両親は結婚式に出席しなかったが、数日後ふたりがエルキントン家を訪れた際、結婚を許してくれた。日本人で結婚式に立ち会ったのは、後に外務大臣内田康哉《うちだこうさい》の妻となる土倉政子《どくらまさこ》だけだった（佐々木篁『アメリカの新渡戸稲造』）。

札幌農学校教授

同一八九一（明治二十四）年二月十日、稲造とメリーを乗せたオセアニック号が横浜に到着した。ドクター・オブ・フィロソフィーやマギステル・アルチウムなどの学位を得ての帰国である。初めて日本へやって来て稲造の戸籍に入ることになったメリー・エルキントンは生涯にわたって稲造を支えた、一番の理解者だった。

三月四日、ふたりが札幌駅に着いたとき、佐藤昌介は他の教授たちと学生を伴い、迎えに来た。昌介の計らいで、新居は札幌北一条一丁目に用意されていた。アメリカ式の洋館で部屋が五つあり、広い庭もあった。メリーはアメリカとそれほど変わらない境遇に満足したに違いない。

三月三十一日、正式に札幌農学校教授に任命された。当時教授は八人しかいず、そのために予科、農、工の科目を担当した。農政学、植民論、経済学、ドイツ語、英文学など週十四時間教えた。大変な負担だったが、稲造は精力的に仕事に取り組んだ。

授業では一方的に自身が話すのではなく、学生に質問や感想を述べさせるなど自発性を重んじた。正規な授業のほかに、日曜には聖書研究会を開くなど多忙な日々を過ごした。内川永一朗・小森一民『新渡戸稲造年譜』にはこんな記述もある（明治二十五年）。

札幌農学校で佐藤昌介と協力し、わが国、最初のいわゆるゼミナール制度（現在の大学院）を実施。午後は演習の時間として農学甲科、乙科、農業経済学（わが国最初の講座）、農芸化学、農用動物学、植物病理学の六科目を設け、その一つを選択必修するという、わが国では画期的な制度で本科3、4年級に実施する。

いかに、稲造が先駆的な教育を行ったのかがうかがわれる。

佐藤昌介はアメリカから帰国した直後、明治十九（一八八六）年に教授となり、翌年三月に幹事、明治二十四年八月に校長心得、明治二十七年には校長に昇進している。

新渡戸は明治二十四年三月に赴任したが、昌介が校長となった翌年の明治二十八年に教務部長に昇進している。昌介の下で、順調に歩みをつづけていた（藤井茂『北大の父　佐藤昌介　北の大地に魅せられた男』）。

第四節　佐藤昌介が初代北海道帝国大学総長に

札幌農学校は東北帝国大学農科大学を経て、大正七（一九一八）年三月三十日、北海道帝国大学となったが、初代総長となったのが佐藤昌介で、親友の原敬が内閣総理大臣の時代である。『原敬日記』の明治四十（一九〇七）年八月十三日には、次の記載がある。

道庁より札幌農科大学に赴き一覧せり、校長佐藤昌介は余の友人にして、而して農科大学となす事に関しては、余の尽力にて古河家より其建物を寄附し、多年の希望を達せしめたるものなり（今年秋より開校の筈なり）。

政府は明治三十九年十一月に財政計画を立てていた。文部省は大学設立計画を立てていたが、大蔵省から「財源がない」といわれ困難な状況にあった。西園寺内閣の時代である。このとき内務大臣を勤めていた原が古河鉱業から資金を調達し、大学設立が可能になった。

『原敬日記』（大正十年八月十一日）には、こう記されている。

午前九時宿泊所を出で、北海道大学に赴き、佐藤総長の案内にて農科の一部及医科大学の建築現場を一覧したり、夫れより岩手（旧南部領）出身者の巌鷲会歓迎会に臨む（農平館）、会集三百六十余名と云へり。旧南部人の北海道に発展したるは古き沿革ある事なれば、佐藤会長の歓迎の辞に対し、余は謝意を表すると同時に余は郷党の誇とならざるも其面目を汚さざる事に注意し居る事を告げ、併せて同郷人を奨励したり。

すでに紹介した通り、佐藤昌介は盛岡藩校作人館で原敬の同級生であり、新渡戸稲造の札幌農学校の一年先輩である。

原と昌介の関係は深い。昌介は明治十五年夏に私費でアメリカ留学をしたが、その際に原を頼っている。当時原は、大阪にあった『大東日報』で編集長をしていた。昌介は米国通信を送り、その原稿料を東京に残した妻子に届けるという約束を取り付けたのだが、原が同年十一月井上馨《かおる》の推薦で外務省御用掛公信局勤務になり、その約束は果たせなかった。とはいえ、原は妻子を支援し続けた。それだけに、昌介は原に恩義を感じていたに違いない。

文中にあるように札幌農学校は北海道帝国大学に格上げされ、昌介は初代総長に就任したが、この件に原は大きく関わっていた。

明治三十九年頃、昌介は札幌農学校を帝国大学に格上げする運動を展開していたが、大蔵省の反対がありうまくいかなかった。

同年一月七日、原は第一次西園寺公望内閣の内務大臣に就任していた、昌介は原を頼ることにした。原が仲の良い牧野伸顕《まきののぶあき》文部大臣と相談したら、資金面さえクリアすれば実現可能とわかった。

原は前年の明治三十八年（一九〇五）四月一日から古河鉱業で十カ月ほど副社長をしており、副社長をやめてからは顧問をしていた。そのこともあり、同社社長の古河虎之助に「人材育成のため、北海道・東北や九州に帝大を設置したいが、資金面で協力してほしい」と要請した。古河はその要請に応じ、帝国大学創設費として百万円を政府に寄付した。

翌明治四十年九月、この寄付により東北帝国大学が仙台に設置された。札幌農学校はその際、東北帝大の一分科大学に改組された。東北帝大農科大学になり、初代農科大学長に佐藤昌介が就任した。北海道帝大農科大として独立したのは大正七（一九一八）年四月一日、原敬内閣になってからである。

翌大正八年四月、改正大学令により北海道帝大として農学部を置くことになり、大正九年には医学部、大正十年には工学部が設置され、総合大学として発展した。

原敬内閣の功績の一つに、高等教育機関の充実があげられる。古河の資金で九州帝国大が開設されたほか、早稲田・慶応などの専門学校の多くが私立大学になるのも原敬内閣の時代である。

原が北海道帝国大学を訪ねたとき、新渡戸稲造は佐藤昌介の下を離れ、別の道を歩んでいた。そのことに関しては、後に触れる。

第四章　原敬と岩手公園

第一節　南部家との関係が密に

原敬と太田時敏

元々盛岡藩家老の孫に生まれた原敬は南部家とは関わりがあるが、原が政治家として出世街道を歩み始めるにつれて、南部家から頼りにされる存在となっていった。原は祖父直記、父直治から武士の子として育てられた結果、自然と盛岡藩藩主の家系である南部家への忠誠心が育まれたと推察できる。

なお、明治十七（一八八四）年に華族制度が発足し、南部家は伯爵に叙位されている。明治政府の頂点は明治天皇で、その下に皇族を置き、家臣の長として公・侯・伯・子・男爵が置かれた。伊藤博文が采配《さいはい》を振るい設けられた華族制度には、明治維新の功臣を特権階級にしようという意図が透けて見える。盛岡藩の家老の孫として生まれた原が生涯爵位を受けようとしなかったのはそうした華族制度に対し、生理的な嫌悪感を抱いていたのかもしれない。

明治二十二年十二月二九日、原は南部家から諮問員を託された。諮問《しもん》員は東京と盛岡に五人置かれたが、原は菊池武夫、奈良眞志、本宿宅命《もとしゅくたくめい》、阿部浩と共に東京の諮問員になっており、同日の日記にそのことが記されている。当時原は農商務省参事官だったが、原が出世するにつれて、南部家との関係が密になっていった。その過程で、新渡戸稲造の叔父・太田時敏との交際が生まれた。

太田時敏は明治三年七月から十一月まで、南部家の家令を務めたことがあった。家令を辞めた後、東京府貫属となるが、明治四年の廃藩置県に伴い、残務整理の職に就いた。それが終わると翌年二月大蔵省に出仕、庶務課勤務を経て警察畑を歩き、明治三十一（一八九八）年十一月、岩手県西磐井郡長に就任、その職を辞めた後明治三十三年に再び南部家家令に就任するのである。南部家家令に就任したばかりの時敏が財政顧問として目を付けたのが昇り竜の勢いで出世していた原敬だった。

原は『郵便報知新聞』記者、『大東日報』記者を経て外交官となるが、その道を開いたのは長州出身の井上馨《かおる》だった。井上外相の下で原は、太政官御用掛兼外務省御用掛公信局勤務になる。二十六歳のときだ。

明治十六（一八八三）年十一月、原は天津《てんしん》領事に就任した。当時中国はインドシナ半島をめぐってフランスと紛争中で、フランス語に堪能な原が抜擢《ばってき》されたと推測される。やがて、両国は戦争となり、中国軍は敗北し、インドシナ半島はフランスの勢力下に入った。天津は当時の中国政界で最大の実力者だった李鴻章《りこうしょう》の居住地で、原は李鴻章と何度も会うなど、情報収集に奔走した。李鴻章は当時中国随一の政治家であり、直隷総督として君臨、朝鮮をも管轄していて、側近の袁《えん》世凱《せいがい》を朝鮮に派遣していた。李鴻章との外交交渉経験は後に内閣総理大臣となった際に生かされた。

原は上海での船旅を経て天津に赴任したが、上海では榎本武揚《えのもとたけあき》公使と会い、宴を囲んでいる。

東次郎の活躍

原が天津領事に赴任した際に出会ったのが、東次郎である。

明治四（一八七一）年に廃藩置県を断行し、中央集権の基礎を固めた明治新政府は藩閥という名にふさわしく、少数の実力者で構成されていた。最高位の太政大臣が公卿の三条実美《さんじょうさねとみ》、第二位の右大臣が公卿の岩倉具視であり、参議には長州の木戸孝允《たかよし》、薩摩の西郷隆盛、土佐の板垣退助、肥前の大隈重信の四人が就任していた。

実務を担当する外務卿は岩倉の兼任、民部卿は肥前の大木喬任、大蔵卿は当初大久保利通が就任したが、まもなく内務卿に転じた。後任の大蔵卿には大隈重信が就任している。

また、陸軍卿には長州の山縣有朋、海軍卿には旧幕臣の勝海舟がそれぞれ就任したが、海軍卿はすぐに薩摩出身の川村純義に代わった。

こんな風に、権力の中枢を握った新政府の実力者たちだが、外交関係には苦労した。長く鎖国を続けてきて、欧米列強に迫られて開国に踏み切った徳川幕府だったが、まだその時代から日が浅く、外交に長けた人材が不足していたのである。

盛岡藩の家老となり、秋田戦争の敗戦後の処理に当たった東次郎は元々南部家一門だったが、父と対立したため定禄を没収され、南部と称することはできなくなった。後に南部次郎に戻れたが、東は盛岡藩出身者としては最初に、外交官として活躍した人物である。

明治七（一八七四）年、征台の役が起こると、東は機敏に行動した。廃藩置県後、旧盛岡藩士三千人のほとんどが失業状態に置かれていた。東は五百人ほどの旧藩士をその戦いに送り込もうとしたが、直系の杉村濬《すぎむらふかし》、織笠四郎の二人だけを西郷従道の征台軍に参加させただけに終わった。

明治時代初期、日本と清国との間では台湾や朝鮮半島をめぐり、深刻な対立が起こっていた。明治八年、清国との間で和解が成立し、全権大使として大久保利通が派遣されたが、その大使一行に加わり、上海に渡ったのが東次郎である。東は大久保利通と知り合うことで、外務省入りを果たしたのである。東の側近である杉村濬もその恩恵を受け、後に外務省に入省できた。杉村濬とも原は、後に接点を持つ。

原が東北初の大臣に就任

原は天津の後にパリ公使書記官としてパリに着任したが、そうした外交官としての活躍の後、政界入りを果たした。明治三十三（一九〇〇）年十月二十二日、第四次伊藤博文内閣の下で逓信《ていしん》大臣に就任したのである。

伊藤は明治十九年三月天津条約締結のため天津に乗り込んだ際、領事館で働いていた原と初めて会い、原の仕事振りを評価していた。東北出身者として初めての大臣で、郷里盛岡の人々は大いに喜んだ。原敬の名が郷里の希望の星として刻まれるようになり、南部家はいっそう原に期待するようになったと推測される。

石川啄木と原敬

石川啄木も、原敬に注目した一人だった。啄木は明治三十八年（一九〇五）年十月十八日、友人川上賢三に宛てた手紙で、「維新後の当地方萎微《いび》振はざりしは、文学のみならず、政治実業凡ての方面に於て、皆維新当時の政治史上の一大打撃及びその後の圧抑の結果に外ならず候、しかしこの意気銷沈は決して永久にのこるべき理由なく、いつかは覚めざるべからず、否現に覚め来りつつ有之候」と書き送っており、戊辰戦争敗北後の故郷に対する屈辱的な扱いを自覚していた。そのこともあり、啄木は台頭してきた故郷出身の政治家原敬に期待していたのである。

啄木が記した「渋民日記」明治四十年（一九〇七）一月賀状発送名簿に「原敬氏　東京市芝区公園第七号地」とあり、明治四十二年「当用日記」の住所人名録に、「芝公園七号地　原　敬」、「本郷追分町　原　達《とおる》」とある。

原達は俳人抱琴《ほうきん》で、原敬の甥である。啄木にとっては盛岡中学校の先輩であり、正岡子規に評価された有望な俳人であった。そのこともあり啄木は原敬に親近感を覚えたと推察される。抱琴は東京帝大に進学し、将来を嘱望されたが、明治四十五年一月十七日、三十歳で亡くなった。原敬が号を「一山」として俳句をつくるようになったのは、甥である抱琴の影響である。

なお、啄木は原敬に面会したと推測されているが、確証はない。

南部利恭《としゆき》の昇階に尽くす

原が出世するに伴い、南部家から頼りにされる存在となるが、『原敬日記』にも南部家に関する記述が増え始める。

たとえば、明治三十六（一九〇三）年十月八日には「旧藩主南部利恭伯本日薨去せり、位階陞叙の為め帰京深更南部邸に赴き夫々手配をなしたり」とあり、旧藩主のために尽力したことを記している。

翌日の「日記」では、原が井上馨《かおる》や内閣書記官に根回しした結果、南部利恭は正三位から従二位へと昇階した、と記している。原は自身は叙勲を望まなかったが、ほかの人々の叙勲のために親身になって世話を焼いている。

原は旧藩主南部利恭の葬儀にも立ち会っている。十月十三日の『原敬日記』はこう書かれている。

南部利恭伯の葬送あり、午前より同邸に赴き墓所にも往き参列且つ手伝たり、盛岡より上京会葬する者数人あり、折悪しく雨天なりしも先以盛大なる葬儀なりしたり。

南部利恭は享年四十九歳、東京小石川にある護国寺に埋葬された。

岩手公園開園と原敬

原敬と南部家の関係の深さを象徴するのが岩手公園である。

岩手公園は、盛岡市内丸にある。岩手県庁、盛岡市役所などがこの界隈《かいわい》には集まっているが、江戸時代は盛岡藩の中枢といった存在だった。

明治三十九（一九〇六）年九月十五日に開園した岩手公園だが、二〇〇六年九月十五日、開園百周年を記念して「盛岡城跡公園」と愛称が定められた。

慶応四年に起こった戊辰戦争により盛岡藩が敗れた結果、盛岡城は取り壊されることになった。明治五年一月十五日、盛岡城は閉鎖され、城は兵部省の管轄となった。陸軍省（兵部省は陸軍省と海軍省に分割された）の用地となった。その過程で、城内のほとんどの建物は取り壊された。

明治二十三年、城跡は藩主だった南部家に払い下げられたが、明治三十九年岩手県は南部家からの貸与を受け、公園として整備した上で岩手公園として開園した。

この件にも、原が深く関与している。岩手県と盛岡市が盛岡城址を公園にしたいと原に相談を持ち掛けたところ、原は南部利祥《としなが》に利害を説明し、借用の了解を得てそのことを北條知事に話したのがきっかけである。『原敬日記』（明治三十七年一月十八日）には、次のように記されている。

北條岩手県知事、関盛岡市長等上京中にて盛岡城址を公園に借用の件過般来の懇望に付、余は利祥伯に利害を陳述して其承諾を得、更に北條を招き其事を談ぜり。

原が利祥から公園として借用する承諾を得、明治三十九年九月十五日に岩手公園は開園するが、九月三日の日記にこんな記述がある。

夫より旧城址なる新公園を一覧せり、此城址は南部家の所有なれども先年岩手県に貸して公園となしたるものなり、始めは異論者もありたれども余は切に之を勧め、故利祥伯の相続後始めの裁決として之を貸与する事に決定せしものなり、今は一般に新公園を歓迎して已まざるが如し、来る十五日に開園式を挙ぐると云ふ。

当時の『岩手日報』は「在来の内丸公園は一口にいえば入りやすい裏庭で、又いつの間にか町中へ出てしまうという殺風景な小規模なものであったのを、一昨年頃から某々等有志が旧盛岡城趾へ目をつけ、内丸公園を盛岡市へ売り払って其の価格約一万四千円をもって新公園の設置費にあて、南部家から借入れて着手したのが即ち新公園である」と書いている。設計主任は東京在住の長岡安平、助手は田中真次郎、監督は岩手県技手の一戸三矢だった（森ノブ・多田代三『盛岡市の歴史下』）。

公園が開園後、周囲には花壇・泉水・運動場などが整備され、茶店や休憩所も作られた、廃墟は見事によみがえった。公園が整備されるにつれ、周囲に公会堂、図書館を作ろうという施設の要望が起こってきた。

その要望に応えたのが原敬だった。後述するが、原は図書館建設に私財を投じ、大量の庭木を買って岩手公園に寄贈した。現在岩手公園は紅葉が素晴らしい公園として知られているが、原が寄贈した庭木は紅葉の木が多かったという（森ノブ・多田代三『盛岡市の歴史下』）。

明治三十五年、盛岡市から衆議院議員に当選した原は、同三十九年第一次西園寺公望《きんもち》内閣の内相に就任した。同四十二年八月二十五日の原の日記には「毎年盛岡に帰省すれば宿屋のみに居て不便だ。また、母上も明年は米寿祝いを迎えるし、この際別邸をつくることにした」旨記している。

明治四十二年二月欧米から帰国した原は古河端に土地を買い、東京から一流の庭師を盛岡に送った。別邸（介寿荘）は庭園を重視したのである。同年九月には盛岡で七百余人を招いて新邸落成園遊会を開催、翌年五月二十二日には母リツの米寿祝を行って、母親を喜ばせた。庭園をつくる際に大量に買った庭木の一部が岩手公園に寄贈された。この別邸は後に取り壊され、すでに紹介した通り現在はホテル東日本の建物が建っている。

開園以来、岩手公園は憩いの場所として人々に愛されてきた。公園内には、石川啄木の「不来方の　お城の草に寝ころびて　空に吸はれし　十五のこころ」の歌碑や新渡戸稲造の「願わくはわれ太平洋の橋とならん」の碑が建っている。

稲造の記念碑は昭和三十七（一九六二）年九月八日、生誕百周年を記念して建立されたものだ。合わせて、盛岡市下ノ橋町の生家跡に「新渡戸稲造先生生誕之地」と書かれた御影石《みかげいし》の標柱が建てられた。

また、城跡のほど近く、もりおか歴史文化館に隣接して原敬の「戊辰戦争殉難者五十年祭」の碑の祭文を記した顕彰碑が建っている。

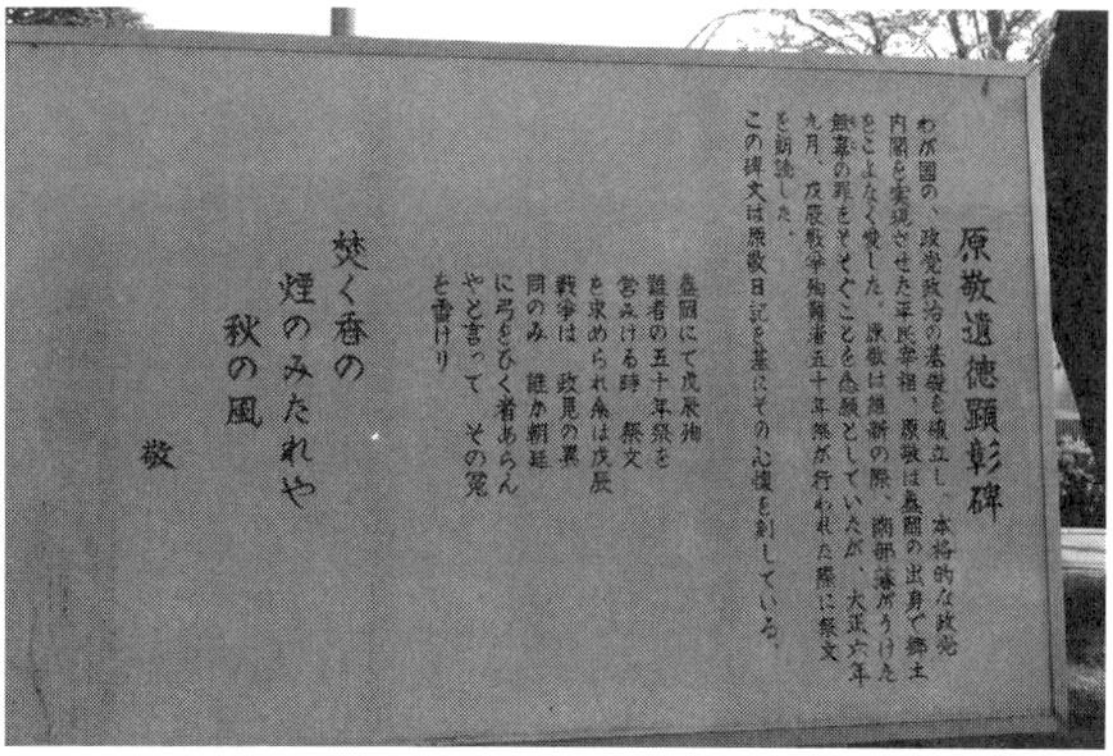

もりおか歴史文化館前庭にある「戊辰戦争殉難者五十年祭」の碑文

小田為綱と原敬との再会

時代は少しさかのぼるが、作人館時代に教えを受けた小田為綱と原は、明治二十二（一八八九）年七月三十一日、十七年ぶりに再会した。接近してきたのは小田為綱だった。

為綱は作人館で原敬らを教えた後、盛んに政治活動を行っている。明治五年「三陸開拓書」を脱稿、翌年その構想を実現するために奔走した。明治十年二月西郷隆盛が兵を挙げた際、日本の南と北から薩摩長州の藩閥政府を討とうとした真田太古事件があった。

真田太古は修験者で、為綱とは旧知の間柄だった。青森県三戸郡、岩手県二戸郡、秋田県鹿角《かづの》郡《ぐん》の旧盛岡藩士らによる政府転覆を図る計画だったが、為綱が書いた檄文《げきぶん》に約三百名の同志が加わったという。

この計画は事前に発覚し、為綱は事件に連座した罪を問われ、青森、弘前の獄中で二年余りを過ごした。為綱は明治維新後、失業した士族を救うために北奥羽総合開発計画案をもって盛んに陳情したが、政府が全く耳を貸さなかったことから、反政府的な思想を抱くようになった。明治二十一年には八戸の湊要之助らの招きに応じて、八戸義塾で教鞭をとり、青年たちへの教育に情熱を傾けている。

さらに、翌明治二十二年には東北の開発の遅れを解決するために「陸羽開拓書」「勧華族就国書」を建白している。

為綱は、旧盛岡藩領の発展のためには旧盛岡藩主である南部利剛、利恭が戻る「旧君就国」が必要という考えを持っていた。旧藩主を地方教育、文化、経済の中心に据え、地方文化の核にしようとしたのだ。

その考えを実行に移すため、利恭と関係が深く、出世街道を邁進している原に手紙を書いたのは明治二十二年七月二十六日のことだった。かつての教え子なら、自身の気持ちをわかってくれるはずだ。そういう思い込みもあったかもしれない。

七月三十一日には早速、原が為綱を訪ね、八月二日には為綱が原を訪ねている（大島英介『小田為綱の研究』）。

だが、「旧君就国」は実現せずに終わった。

原敬の日記には、次の記述がある（明治二十二年十一月十六日）。


岩手県旧藩士三百余名の総代として小田仙弥始め四五名の者上京し南部伯邸に迫り郷里に住居し家政改革をなすべき旨申出ありたりと云ふに付、阿部浩、石井順治、本宿宅命、奈良眞志、鳥谷部紹胤、菊池武夫等と打合せ彼等の旅館を訪ふて其の不可を論じ帰途南部邸を訪問せり。


文中「小田仙弥」とあるが、為綱のことだ。仙弥は通称で、明治五年の戸籍編成の際に「為綱」と届け出がなされている。作人館時代は、仙弥と呼ばれていた。

十一月二十四日には、南部利剛から強い謝絶の意思が伝えられた。大島英介は「恐らくこの背後には原グループの反対意見が強く反映したとみてよい」と書いている（『小田為綱の研究』）。

ふたりの再会は、ほろ苦いものとなった。これは旧藩主の指導力に対する評価の違いに起因している。出世するに従い南部家の面倒をみることになった原は、その力量を冷静につかんでいた。東京で多くの人物に会い、研鑽をつんだ原は、今なお旧藩主を頼りにしようとする為綱に限界を感じたかもしれない。かつて抱いていた尊敬の念が消えうせるのを自覚したはずである。ふたりは二度と会うことはなかった。

為綱はその後、明治二十三年七月、自身の理想を実現しようと岩手第二区から第一回衆議院議員選挙に立ったが、落選した。明治三十一年三月、進歩党から第五回衆議院議員選挙に出馬して、当選した。為綱は憲法にも大きな関心を寄せ、明治十三年の元老院による「国憲」草案に大胆な批判と提言を行った「憲法草稿評林」を残している。

代議士になった為綱は、戊辰戦争により開発が遅れた郷土の振興に力を注いだが、明治三十三年以来病気に悩まされ、翌年四月五日に亡くなった。六十二歳だった。

東條英教と原敬

南部家と関わりが深かった人物のひとりに東條英教《とうじょうひでのり》がいる。

賊藩とされた盛岡藩出身者は明治時代、なかなか活躍の舞台が与えられず、比較的門戸が開かれていた軍事と外交の分野に活路を見出そうとしたが、軍人として突破口を開いたのが東條英教である。

東條英教は安政二（一八五五）年十一月八日、盛岡で生まれた。父の英俊は盛岡藩の取次役を務め上げた、明治八年には、行政区の書記になっている。

東條英教は作人館で原敬ともに学んだ。年齢は原より一歳上である。その後陸軍教導団に入団、明治十（一八七七）年に勃発した西南戦争では、陸軍少尉試補として従軍した。陸軍大学校の一期生として学び、ドイツに留学して戦術や戦史を研究した。幼児から秀才といわれただけあって次第に頭角を現し、陸軍中将まで昇りつめた。明治時代、盛岡藩出身者として軍人の最高の地位だ。

なお、第二次世界大戦後に戦犯として処刑された元総理大臣・東條英機《とうじょうひでき》は英教の三男である。東條英教の出世は原敬を刺激し、励みにもなった。明治十四年、友人の八角彪一郎《やすみひょういちろう》に宛てた手紙では概略、「最近国から書生として上京する者が多いが、他人を頼るものばかりだ。陸軍教導団を卒業すれは士官にもなれる。他人を頼らず、自分の力でゆけるところに入るよう勧めてほしい」と書いている。独力で道を切り開いた東條英教への畏敬の念が感じ取れる。

明治二十一年に三十三歳でドイツ留学した英教だが、三年間の留学を経て帰国すると少佐に昇進し、参謀本部に配属された。明治二十年参謀本部次長の川上操六《かわかみそうろく》を補佐し、軍事作戦のほとんどを起案したといわれる。エリートとして地歩を固めていたのである。

第二節　原敬と陸奥宗光

原敬と陸奥宗光《むつむねみつ》

一方の原敬は若い頃に苦労したものの、『郵便報知新聞』記者時代に知り合った井上馨に見出され、外交官としての道が開かれた。すでに紹介した通り、明治十五（一八八二）年十一月、井上馨外相の下で太政官御用掛兼外務省御用掛公信局勤務となった。二十六歳のときだ。

翌明治十六年十一月、中国・天津領事となっている。藩閥政府の中で、順調な出世である。同年原は中井弘の娘・貞子と結婚している。原は阿部浩の紹介で中井に会い『郵便報知新聞』に入社したが、恩人の娘との婚姻である。

その後原は農商務省に転じたが、明治二十五年、三十六歳のとき陸奥宗光外相の下で、外務省通商局長・取調局長を兼任している。農商務省を辞めて浪人中の原に陸奥が手を差し伸べたのである。

同年八月八日松方内閣を経て第二次伊藤博文内閣が誕生、陸奥宗光が外務大臣に就任している。陸奥は外務大臣になるとすぐ原を呼び、通商局長とした。九月六日には外務省取締局長兼務を命じられている。明治二十八年五月二十三日、原は外務次官に就任した。陸奥との出会いが幸運を運んできた。

陸奥は御三家紀州藩の出身で、強烈な佐幕《さばく》派だった。そのため藩閥政府には批判的だったが、外から批判するのではなく藩閥政府の中に食い込み、利用されるようにして逆に利用し、自身の理想を実現しようと考えていた。陸奥のそうしたスタンスから、原は学ぶことが多かったと推測される。原自身藩閥政治の中を見事に泳いで、後に内閣総理大臣にまで昇りつめるのである。

カミソリと呼ばれた切れ者の陸奥と原は名コンビになり、外交上懸案とされた条約改正に取り組み、成果を上げた。長年日本が苦しめられた不平等条約改正に成功したのである。

幕末期、日本は外国勢力に脅かされた。安政元（一八五四）年三月三日、アメリカの特使大使としてやって来たペリーの圧力に屈する形で、「日米和親条約」が結ばれた。この際、アメリカの領事館が日本に置かれ、治外法権が認められた。四年後の安政五年六月十九日には、大老井伊《いい》直弼《なおすけ》の下、アメリカ領事ハリスとの間で「日米修好通商条約」が結ばれ、日本に関税自主権がないと明記された。

治外法権を認める、関税自主権がないという不平等条約に日本は長く苦しめられてきたが、日清戦争直前、明治二十七（一八九四）年七月十六日、まずイギリスと調印して改正に成功、やがてアメリカとも調印した。陸奥宗光外務大臣の偉業だが、その下で実務に当たったのが原だった。

一八九四年八月一日に日本が清に宣戦布告して始まった日清戦争の際参謀として活躍したのが東條英教であり、外交の表舞台にいたのが原敬だった。

当時朝鮮では東学党の乱が起こり、国内は騒乱状態になっていたが、盛岡出身の在韓代理公使杉村濬から陸奥に「朝鮮政府は東学党の乱の鎮圧に清国に援兵の派遣を要請した」という情報が届いた、陸奥はその件に関して原と相談し、清国が出兵すると朝鮮での日本の権益が侵害される恐れがあると判断、陸奥は日本軍の出兵を要することを閣議にかけた。これが契機になり一気に日清戦争への気運が沸き起こったという経緯があった（木村幸治『本懐・宰相原敬』）。

外交官杉村濬

外交官として原と接点を持った杉村濬は嘉永《かえい》元（一八四八）年一月十六日、盛岡藩士杉村収蔵（後に秀三）の二男として盛岡に生まれた。少年時代は作人館で藩の剣術指南役の菊池重政に新影流を学び、剣道の腕は抜群といわれた。身体が大きく、壮士にふさわしい風貌だったという。

時は幕末である。盛岡藩もその荒波にのみこまれた。慶応四（一八六八）年一月三日に起こった戊辰戦争の際、盛岡藩は奥羽越列藩同盟側に立ち、新政府軍と戦って敗れるが、そのリーダーとなったのが、筆頭家老の楢山佐渡である。

楢山佐渡の反対派の家老に東次郎が就任したが、杉村濬は数少ない勤王派であった東次郎の影響を受け、行動を共にした。楢山佐渡が戊辰戦争の責任を一身に受けることになり、藩の実権は東次郎に移った。

故郷を出て上京し、新しい道を開こうとした盛岡藩出身者にたちふさがったのは、藩閥の壁であった。薩摩や長州を中心として構成された明治政府では、盛岡藩出身者ははじめから活躍の舞台が限定されていた。比較的活躍の余地が残されていたのは、外交や軍事の分野である。盛岡藩出身者に外交官や軍人が多いのはそのためである。

盛岡藩校で学んだ後、濬は上京し、明治七（一八七四）年台湾に出兵したことがきっかけとなり、外交に関心を抱くようになった。

明治十一年には『横浜毎日新聞』の記者となり、朝鮮問題に関する論説を盛んに発表している。このことがきっかけとなり、明治十三年外務省御用掛に採用された。韓国の釜山《プサン》浦領事館に勤務することで外交官としてのスタートを切ったのである。

明治九年二月二十七日、日朝修好条規が締結された。「大日本国大朝鮮国修好条規」が正式名称で、調印地の名称をとった一般的略称は「江華条約」である。日本が優位な立場で外国と締結した最初の条約だった。日本居留民の犯罪に治外法権（領事裁判権）を適用するなど、朝鮮側からすれば不平等条約だった。朝鮮はそれまで鎖国を続けてきたが、この条約により鎖国が破られたのである。

かつてアメリカの黒船に脅かされて開国した日本は、同じ手口で朝鮮に開国を迫った。一方的に朝鮮の京城に公使館を置くことを承認させ、明治十三年に初代公使花房義質《はなぶさよしもと》が赴任した。とはいえ、働く手足がいない。そこで、朝鮮問題に詳しい濬が外交官として引き抜かれたのである。

当時は日本と朝鮮が国交を樹立してまもない時期で、韓国内の情報をいかに集めるかが課題だった。濬はやがて釜山から京城《ソウル》に移った。

濬は明治二十二年にバンクーバー領事館領事に任命され、一時韓国を離れるが、明治二十四年、京城公使館書記官兼領事に返り咲いている。合計で十三年間にわたり韓国に滞在した濬は精力的に情報を入手し、朝鮮通の外交官として重要な役割を果たした。

濬はその間、書記官から一等書記官、代理公使にまで昇りつめた。朝鮮公使館の主として、日本の朝鮮進出の水先案内人だった。

朝鮮の情勢

濬が朝鮮公使館に勤務する以前は日本と朝鮮との関係はそれほど深くはなかった。明治六(一八七三)年から九年までの四年間に日朝貿易は五万円台から八万円台に急増している、当初は日本の入超だったが、次第に朝鮮の入超となってきた。そうして日本と朝鮮との関係が緊密化してきた時代に濬は赴任したのである。

当時、清国が朝鮮の宗主国として任じており、そこに日本が割り込む形となった。それは朝鮮国王李熙《りき》の王妃閔妃《びんひ》一族と、国王の実父大院君(李是応)との対立を引き起こした。閔妃一族は清国と結び、日本は大院君を利用しようとした。

そうした対立が明治十五年に起こった反日運動壬午事変《じんごじへん》を勃発され、その二年後の親日派金《きん》玉均《ぎょくきん》のクーデター未遂事件甲申事変《こうしんじへん》と続いたのである。そのことが日清戦争へと拡大することになる。

陸奥宗光と杉村濬

濬は朝鮮での勤務を続けたが、次第に天津領事である原敬との連絡が密になっていった。

やがて朝鮮では東学党の乱が起こり、国内は騒乱状態になっていたが、在韓代理公使杉村濬から陸奥に「朝鮮政府は東学党の乱の鎮圧に清国に援兵の派遣を要請した」という情報が届いた。

陸奥は日清戦争の覚書ともいえる『蹇蹇録《けんけん》』で、「袁世凱《えんせいがい》は明治十七年以来、日本の朝鮮における勢力の何となく微弱となりたるを見、かつ二十三年憲法実施以後、日本政府とその議会との間、常に軋轢するの状を見て、我が政府は他国に向かい軍隊を派するが如き大決断をなす能わざるものとなし、この機に乗じ清国の朝鮮に対する勢力を展さんと志し、而して我が邦駐箚《ちゅうさつ》の清国公使汪鳳藻もまた、我が官民の争執、日を逐いて劇《はげ》しきを見て、日本は到底他国に対して事をなすの余力なかるべしと妄断し、各々その所見を清国政府に通告し、両者の意、期せずして相合したるが如し。これ清国政府が最初より彼我の形勢を誤認したるの一因なるべし」と書いている。

当時、袁世凱は京城の駐在官だった。大日本帝国憲法が制定されて以降、日本政府が議会との間でもめているから朝鮮に軍隊を派遣する余力がないと判断し、この機に乗じて清国の朝鮮での勢力を伸ばそうと袁世凱と汪鳳藻が清国政府に通告したことが、日清戦争の一因となったと分析しているのである。

王妃閔妃一族のひとりで王室の外戚《がいせき》である閔泳駿《かんえいしゅん》は東学党を自国の軍隊で収めることができず、清国公使袁世凱と結託、清国軍隊の派遣を申請した。

陸奥はその件に関して原と相談し、清国が出兵すると朝鮮での日本の権益が侵害される恐れがあると判断、陸奥は日本軍の出兵を要することを閣議にかけた。これが契機になり一気に日清戦争への気運が沸き起こった（木村幸治『本懐・宰相原敬』）。日清戦争の戦場となったのは、朝鮮だった。

陸奥宗光は濬の情報を信頼していた。朝鮮情勢の変化を逐一陸奥に報告していたからだ。

陸奥は『蹇蹇録』で、よく濬を登場させている。日清開戦を決定する閣議の当日には、濬の電報を読み上げ、と朝鮮情勢を説明した上で、開戦を決意した。

『蹇蹇録』では、「臨時公使である杉村濬は朝鮮での勤務が数年に及んでいることもあり、朝鮮の事情に通じているため、日本政府は杉村の報告を信用している」と書かれている。

杉村濬の正確な情報提供もあり、日清戦争は翌年、日本の勝利で終わった。その結果、朝鮮や清国での日本の権益は拡大したが、新たな国際的な対立を引き起こすことになった。

閔妃殺害事件

濬は閔妃殺害事件にも関わったことで知られる。

この事件は日清戦争終了後の半年後、明治二十八（一八九五）年十月に起こった。

日清戦争で勝利した日本は遼東半島を割譲《かつじょう》したが、ロシア、ドイツ、フランスの三国干渉により清に還付することを余儀なくされた。

なお、日本がロシアを中心とする三国干渉に屈服して遼東半島《りょうとうはんとう》の領有を断念した後、日本は軍事費を増大させた。清国からの賠償金のほとんどが軍事費に当てられ、そのことが結果として日露戦争を引き寄せるのである。

日本の弱腰を見た閔妃一族がロシアに接近したのが事件の発端だった。時の朝鮮公使三浦梧楼は大院君の担ぎ出しを図った。三浦の下で実務に当たったのが濬だった。右翼が動き閔妃が暗殺されたのだが、その真相は藪の中である。角田房子《つのだふさこ》は『閔妃暗殺』の中で、日本政府と閔妃殺害事件は直接の関係はない、と結論付けているが、関与があった可能性を否定できない。

とはいえこの事件の結果、三浦梧楼や濬らは日本に召還され、広島地方裁判所に拘引され、裁判を受けたが、翌年証拠不十分で釈放された。広島で裁判が行われたのは、すでに説明した通り、日本に治外法権が認められていたからだ。

この事件により、濬と朝鮮との関係は終わった。

原は閔妃殺害事件の処理のため駐韓特命全権大使に転出し事後処理に当たったが、相性が悪い大隈重信が外務大臣に就任したため、明治三十年に外務省を辞めた。約十五年にわたった官僚生活にピリオドを打ったのである。

なお、杉村濬の息子陽太郎もやはり外交官となり、新渡戸稲造と親しく交わり、稲造の後を受けて国際連盟事務次長となった。

外交官領事館制度の確立

日本の外交事務を所管する中央官庁として明治二（一八六九）年七月、外国官を廃して外務省が置かれた。だが、明治二十六年に管制改革がなされるまで、二十年以上も外交官制度の基礎が固まっていなかった。その基礎を築いたのが、原敬である。原は自身の体験から、外国語・法律などの専門知識を身に付けた人材を試験制度により登用する外交官領事館試験を設けたのである。

明治二十五年八月から約二年十カ月の間、原は外務省通商局長の任にあった。第二次伊藤博文内閣の時代で、行政事務の整理と経費節減が課題となっていた。その中で原は、専門の外交官がいないことを憂え、改革を推進する中で試験により優秀な人材を確保する制度を作り上げていった。

『原敬日記』（明治二十六年三月二十二日）には、「議会との公約に基き行政改革の整理委員を置くこととなり、余は内閣より臨時行政事務取調委員を命ぜらる」とある。原は明治二十六年から半年を費やして、外交官領事館試験制度を作り上げ、同年十月以降今日の制度につながる試験制度や管制の基礎が築かれた。

明治二十六年十月三十一日には外交官領事館試験委員管制が公布されたが、明治三十二年における外交官領事館試験委員として、原と接点があった杉村濬の名前がある。当時、杉村は外務省通商局長の任にあった。

原は明治三十年に外務省を退職り、大阪毎日新聞社長に就任するが、世界で日本の地位を高めるためには優秀な外交の人材の確保が不可欠として、明治三十二年六月、『外交官領事館制度』を出版した。この問題に対する、原の関心の高さを表している。

陸奥宗光の死

原が頼りにした陸奥は結核で体調を崩し、次第に外交の舞台から退場する。明治二十八年六月五日まで静養、代理として文部大臣の西園寺公望が外務大臣を兼任している。同年五月三十日陸奥は外務大臣を辞任、それに伴い六月十日、原は外務次官を辞任した。原の後に外務次官に就任したのが、小村寿太郎である。

陸奥は条約改正の功により子爵を授けられ、翌年には伯爵を授けられた。日清戦争の功である。このとき原に恩賞の話があったが、断っている。文相の西園寺公望から「勲章がいやなら、賞金ぐらいは受けてもよかろう」といわれたが、これも断った（原奎一郎『原敬』）。

明治三十年八月二十四日、陸奥宗光は五十四歳で亡くなった。一週間後、原は外務省を退官した。

原は陸奥に深く傾倒していた。すでに説明したが、陸奥が本質的には反藩閥でありながら、正面から攻撃したりせず、藩閥政府の内部に入り込んでしまうというしたたかな陸奥の姿勢に原は学ぶことが多かったに違いない。そのためには、長州藩出身の桂太郎や山縣有朋などの妥協も辞さなかった。

後に陸奥に傾倒していた原は何度も陸奥を見舞い、陸奥の死後は原らの働きかけにより、外務省内に陸奥の銅像が建立された。明治三十八年四月一日、原は陸奥宗光の遺言により、陸奥の二男古河鉱業の古河潤吉の要請により古河鉱業の副社長に就任している（十カ月間）。『原敬日記』に古河財閥の創始者・古河市兵衛の名が初めて登場するのは明治三十年九月十二日だが、この日陸奥の法事が浅草・海禅寺で営まれた。市兵衛は潤吉を代理で出席させている。外務省退官後、原は再び新聞の世界に戻った。明治三十年九月十六日、大阪毎日新聞編集総理に就任し、翌年には社長に就任した。

明治三十三年十一月二十二日に同社社長を退任後は第四次伊藤博文内閣の逓信大臣となり、逓信大臣辞任後の同三十四年七月十一日、大阪の北浜銀行頭取に就任した。

第三節　原敬と南部家

南部利祥の結婚問題

明治三十五（一九〇二）年七月六日、大阪北浜銀行頭取の原は、姫路旅団長の東條英教を訪ねている。原が東條に相談を持ち掛けたのは、南部利祥《なんぶとしなが》の結婚問題だった。

南部利祥は南部伯爵家第四十二代当主、盛岡藩最後の藩主利恭《としゆき》の長男だった。明治十五年一月二十五日に生まれた利祥はその後、学習院初等科に入学、九歳のとき皇太子殿下（後の大正天皇）の学友に選ばれている。

東條英教は利祥の教育係であり、英教の勧めで利祥は陸軍中央幼年学校から陸軍士官学校に進学した。この利祥と毛利家との間に、婚儀が持ち上がっていた。そのことを原は、利祥の母喜久子から相談されたのである。

原は利祥が「三十歳まで結婚しない」と突っぱねたため、英教を訪れて相談した。毛利家には断るしかないが、利祥の主張に原は困っていた。

明治三十五年七月六日の日記にこう記している。


南部家嫡男利祥に毛利家より婚儀を求むるに付、家令太田時敏並に秋元興朝と協議し、太田より本人に内話せしに兼て本人の主張せし如く三十歳に至るまで婚礼せずと云ふを以て謝絶したり。此事余の東京出発前日太田来訪内話ありたれども、此話は元来井上伯の内談に起りたる事に付利祥教育に任じたる東條英教にも相談すべき必要あり、東條は姫路に於ける旅団長なるにより午後より姫路に赴き即日帰阪せり、内談の要領は本人飽まで三十歳に至らざれば婚礼せずと云ふに付毛利家は断るの外なけれども、到底三十まで婚礼せずと云ふ事は目下同人母も祖母も長病なれば事情許さず、依て東條出京を期とし本人に篤と内談勧告すべし、而して其頃まで毛利家にて他に嫁せざるに於ては再談を開くべしと決せり（後談の考は東條より出づ）。

英教は東京に出向いたとき、本人と話し合ってみようといった。後ほど本人がその気になり、毛利家でほかに嫁いでいなかったら、再びその話を持ち出してみよう、ということになった。すでに紹介した通り南部利恭が亡くなるのは翌明治三十六年十月十九日のことで、四十九歳だった。嫡男の結婚問題が急務だったことがうかがわれる。

なお、明治三十五年七月六日の日記には、南部家家令として新渡戸稲造の叔父、太田時敏の名が記されている。すでに紹介した通り、太田時敏は稲造を養育した人物だが、南部家とのつながりが強く、原敬とたびたび会っていた。

なお明治三十五（一九〇二）年八月、原敬は衆議院議員に初当選している。亡くなるまで七回連続当選である。盛岡市の選挙区で清岡等らに勝った。当時の有権者総数は三〇一、そのうち原には一七五票、清岡には九五票集まった。以後、原敬は名実ともに盛岡を代表する政治家となり、郷土の期待を一身に背負うことになる。

南部《なんぶ》英麿《ひでまろ》の離婚問題

原が衆議院議員に初当選したとき、南部家ではまたしても厄介な問題が持ち上がっていた。南部英麿の離婚問題である。

英麿は安政三（一八五六）年九月十一日、盛岡藩主利剛《としひさ》の二男として生まれた。利恭《としゆき》の弟で、利祥《としなが》の叔父である。学業に優れ、明治三（一八七〇）年八月、華頂宮博経親王に従いアメリカに留学した。翌年学位を得て帰国後英語学者として活躍したが、やがて大隈重信の娘熊子と結婚した。英磨の付き人だったのが海軍総監となった奈良眞志《ならしんし》で、すでに紹介した通り原敬らと共に南部家の諮問員になっている、

英磨を洋行させたのは、戊辰戦争敗北後盛岡藩の筆頭家老に復帰した東中務（次郎）である。東は白石城に転封された南部家を盛岡に戻すため新政府に七十万円を献金し、藩主の南部利恭の姉郁姫を華頂宮博経親王に嫁がせたり、南部家の費用で華頂宮をアメリカに留学させた。戊辰戦争で「朝敵」とされた盛岡藩にとって、朝廷の一翼を担う宮家との間に姻戚関係が生まれたことは、藩の汚名を払拭するステップとなった。

明治十五年、大隈重信は東京専門学校（早稲田大学の前身）を創立したが、大隅英磨は初代校長となっており、早稲田中学創立の際も初代校長を務めている。

だが、たびたび人の借金保証人になったりした結果、大隈家に離縁された。

明治三十五（一九〇二）年九月十三日の、原敬の日記にはこう記されている。

南部家に於て相談し度事あるに付来邸ありたしと云ふに付赴きたるに、大隈伯に養子に行き

たる英磨叉々他人の負債に調印し（今回は二万円已上と云ふ、第三日目なり此類の事は）たるに因り、英磨大隈邸を去りて離縁を求め目下其手続中なり、然るに英磨より斯の上は分家して一家を建て平民籍に列し煩を実家に及ぼす事を避けたしと云ふに付意見如何と利恭拍より諮問あり、出席したる者は令扶の外、東次郎、菊池武夫、南部晴景、杉村濬と余なり、英磨も其意思を述べ将来は教育事業にでも従事して身をたてたしと云ふ、其説固より取るに足らざるも斯くなりたる上は其希望に任すべしと余の述べたる説に一堂賛成したれば其事を答申し、又南部信方同利克二子も出られ同意の旨を述べたり、尚ほ英磨に対しては将来無頼の徒と交際を絶つ事を忠告したり、（中略）両三日前南部家々令太田時敏来訪其大略は内話したり。

元盛岡藩家老で外交官として活躍した東次郎、日本初の法学博士で英吉利法律大学（現中央大学）創立者の菊池武夫、外交官として活躍した杉村濬といった人々の中でリーダーシップを取っている原敬の姿が浮かび上がっている。盛岡藩主の家系である南部家に臆することなく、直言している。

太田時敏の名も出ていて、原とふたりでこの件を相談していたことがうかがわれる。

明治三十六年十月二十二日の日記には、原が利祥から南部家顧問を、奈良眞志、菊池武夫、杉村濬が南部家相談役を嘱託されたと記されている。

なお、大隅英磨は大隈家に離縁された後盛岡に戻り、南部家に復籍した。文中にある通り、私立作人館中学の校長となったり、盛岡高等農林学校（現岩手大学農学部）の英語講師をしたりしたが、明治四十三年五月十四日、五十五歳で亡くなった。晩年は寂しい日々だったという。

大隈家からの南部英磨の離縁で、原敬の心は揺れた。八月三十一日に南部利恭の妻喜久子が亡くなり、葬式を済ませたばかりだった。明治三十五年九月十三日の日記には、「但し此事は丁度南部家にて夫人死去混雑の際なるに拘らず、大隈家より頻りに迫りて離婚の処置をなしたるは随分無情の処置なりしなり」とある。大隈重信と相性が悪かった原敬だが、この一件も影をおとしているのかもしれない。

南部利祥の死

明治三十七（一九〇四）年二月、ロシアとの国交は断絶し、日露戦争が勃発した。

東條英教は第十師団第八旅団長として出征したが、病気になったため、途中で内地に帰還した。

一方、南部利祥は、明治三八年近衛騎兵連隊の少尉として出征した。途中で中尉となり、小隊長となったが、三月四日、満州の最前線である井口嶺《せいこうれい》の戦いで戦死した。二十四歳の若さだった。

利祥は賊藩とさげすまれた南部家の汚名を晴らすために突進し、亡くなったといわれている。

この件に関して、同日の原敬の日記には次の記載がある。

夕刻南部家々令太田時敏来訪、本日師団より内々の通知に南部利祥伯戦死の由なりと。伯は近衛騎兵中尉にて昨年真先に出征せり、年二十四歳、将来有望の為人なりにて旧藩士を始め前途を楽み居たるに惜しむべし遂に戦死せり。

ここにも太田時敏の名前が出てくる。後に詳しく触れるが、原敬の日記に新渡戸稲造の名前が登場するには二回だけだ。原と太田時敏とは南部家のことでたびたび会っていた。その折に新渡戸稲造のことも話題に上ったと推測される。

同年四月十五日、今度は東條英教が原を訪ねている。二年前に利祥の父利恭は亡くなっていて、利祥が第四十二代当主となっていた。その当主が亡くなったのだから、南部家にとっては一大事だ。毛利家に嫁いでいた長女の庸子はそのことに不安を覚え、原に家政の顧問になってもらいたい。そのことを原にお願いしてくれないか、と東條に依頼していた。

原は多忙を理由に当初難色を示したが、その二日後に南部邸を訪ねると、庸子のほか二男利淳《としあつ》からも懇願され、引き受けざるを得なかった。南部家の家政後見人を以後、原は務めることになる。

五月二十六日、南部家の菩提寺である護国寺で南部利祥の葬儀が行われた。原は参列し、旧盛岡藩「士民」を代表して、弔辞を朗読した。原は生涯盛岡藩「士民」としての意識を持ち続けた。南部家の貢献人を引き受けたことで、その意識は以前にもまして強まったのかもしれない。

原と南部利祥は絶対的な信頼で結び付いていた。利祥が十歳のとき、原は南部家から教育方針を相談されたが、「旧藩人に預けるというよりもこれからの時代に適用するには帝大在学の書生の中から優秀な人三、四人をお付けとして徹底した家庭教育をするほうがよい」と提唱している。すでに紹介した通り、利祥の結婚問題に関しても原は南部家のため親身になって動いており、利祥から頼りにされていたのである。

なお、利祥が亡くなった後、弟の利淳が若くして家督相続している。

盛岡城跡公園にある、南部利祥中尉騎馬銅像の台座

南部利祥の騎兵銅像

原は、亡くなった南部利祥を顕彰する仕事に取りかかった。すでに南部利祥中尉の騎馬銅像をつくる計画が持ち上がっていた。この計画は東條英教が提唱し、原が賛成して実行に移された。この際、学習院初等科で共に学んだ皇太子（後の大正天皇）は、三百円下賜した。

一九〇六年九月十五日、南部中尉の騎馬銅像は盛岡城本丸に建立されたが、原はこの銅像に二五〇円寄付している。完成した銅像の台座の高さは十五尺五寸（約四・六九メートル）、像の高さは十三尺（約三・九三メートル）あった。
台座を設計したのは、盛岡出身の建築家横浜勉である。横浜は盛岡藩士族の家系に生まれ、一九一〇年には旧第九十銀行本店を設計しているが、この建物は現在、「もりおか啄木賢治青春館」として存続しており、市民や観光客に親しまれている。

横浜勉《よこはまつとむ》は日本を代表する建築家伊東忠太に教えを受けたが、台座の意匠は伊東忠太が担当した。銅像は新海竹太郎、鋳造は久野留之助が担当した。それぞれの分野で当時を代表するメンバーが銅像作成に取り組んだのだ。

南部利祥の騎馬銅像は建立以来、名勝の一つとして盛岡市民に親しまれた。出征から戦死に至る経緯を紹介した「南部中尉の歌」（作詞は真下飛作、作曲は稲造の姪新渡戸浜子）が作られ、盛岡市内の小学校で歌い継がれたという。

だが、現在この銅像は存在しない。第二次世界大戦末期、日本は極度の資源不足に陥った。昭和十七（一九四二）年に施行された金属回収令により、家庭で使用されていた鍋釜から寺の鐘に至るまでが回収され、軍需工場に送られた。

南部利祥の騎兵銅像もその政策の犠牲になり、昭和十九年三月、供出された。その際、銅像の前には多くの盛岡市民が集まり、「南部中尉の歌」を歌って見送った。（加藤昭雄『岩手の戦争遺跡を歩く』）。

岩手県立図書館建設のために寄付

岩手公園（現在の愛称は盛岡城跡公園）の近くには、かつて岩手県立図書館が建っていた（現在その跡地には、もりおか歴史文化館が建っている）。岩手県立図書館の建設にも原が貢献している。

盛岡に図書館を建設したいという話が当時の北田親氏《きただちかうじ》盛岡市長、柿沼竹雄岩手県知事と原との間で行われ、原が一万円の寄附を申し出たのである。『原敬日記』（大正十年六月二十三日）に記された大略はこうである。盛岡に図書館設立のことを先年から北田親氏市長などに勧めてきたが、今回県立図書館を設立することになったという。私が勧めたいきさつもあり、郷里のために有益と考え、北田市長らに一万円寄附することを申し入れていた。今回、別紙の通り寄附の書面を出してくれれば好都合と市長が言ってきたので、本日書面を提出した。

原は大正十（一九二一）年十一月四日に亡くなるが、同年二月二十日に書かれた「遺書」にも「盛岡図書館に金壱万円寄贈の約束あり、是れも右当座預金より支払うべし」と書かれており、原の死後十一月十九日、浅の手により盛岡市長北田親氏に対し、一万円の寄附がなされた。郷里岩手のために尽くそうという気持ちが県立図書館建設への寄附からもうかがわれる。岩手県立図書館が開館したのは。翌大正十一年四月二十日のことである

第五章　『南部史要』をめぐって

原敬が藩史編纂を提案

すでに紹介したが、稲造の叔父太田時敏は『原敬日記』に頻繁に登場する。南部家家令の時敏と南部家と原との橋渡し役である。

利祥や英磨の件が一段落した後は、『南部史要』の編纂をめぐって、原と時敏は接触を重ねた。そのことを含め、以下に『南部史要』が発行されるに至った経緯を紹介する

盛岡藩家老の孫として生まれた原は元々南部家と深いつながりがあった。盛岡藩は戊辰戦争で賊藩とされ、全国に先駆けて藩を返上した。

そのことを憂えた原は、このままでは盛岡藩の歴史が忘れ去られるのではないかという危機意識を持つに至った。そのこともあり、原は盛岡藩史の編纂を作人館修文所の同窓会の席上で提案するのである。『原敬日記』（明治三十六年三月一日）には、次のように記されている。

夕刻より元と修文所に於ける同窓会に出席したり。南部家当地方に移封以来並に維新の際に於ける顛末調査に関して此際編纂のことを来会者に諮り、一同同意なるに依り板垣政徳、堀内政定、青木正興三人を庶務担当者と指定したり（後に百円づつ毎年寄附のことを堀内、板垣両人に告げ置きたり、但二ヶ年にて成功の予定）。

原は同年八月二十八日、桜山神社で盛岡藩史に関する会合を持ち、同年十月二十六日には文中にある板垣政徳と共に、東京で林友幸から聞き取り調査を行った。

明治三十五（一九〇二）年、原は盛岡選挙区から衆議院議員に初当選した。翌年には大阪新報社社長に就任、同時に北浜銀行頭取を兼任（五月に辞任）するなど多忙を極めていたが、社会的な地位の向上は金銭的に余裕をも生み出した。原は自身で費用を出すことで、藩史編纂を進めようとしたのであり、盛岡藩史の編纂への並々ならぬ決意を感じさせる。

東京に帰京した折、作人館修文所の同窓会で原は藩史の編纂を提案した。文中にあるように、当初は二年で完成させる予定で、板垣政徳、堀内政定、青木正興三人を創設委員とし、他に十二人の委員を選び、編纂を委嘱した。

難航する藩史

ところが、予定していた二年では藩史は完成しなかった。その経緯が『原敬日記』には詳細に記されている。

『原敬日記』（明治三十七年一月二十四日）には「午前南部藩史編纂委員会に臨席し」とある。この一カ月後には日露戦争が始まるが、原は政友会の活動に忙しかった。

翌明治三十八（一九〇五）年四月、原は古河鉱業の副社長に就任した。同年九月十日の『原敬日記』には、こう、記されている。

盛岡滞在、一昨年より着手せし南部藩史編纂委員を招き午餐《ごさん》を俱にせり、大部分調査を了りたり。

明治三十九年、原は第一次西園寺公望内閣の内務大臣に就任、同時に大阪新報と古河鉱業を辞職した。同年九月五日、墓参りと休暇の盛岡に赴く。同日の日記には、午前九時に桜山神社社務所で南部藩史編纂委員と会見し、新資料の発見に喜ぶ様子が記されている。「明年中には脱稿」と日記には記されているが、その通りにはいかなかった。明治四十年八月十九日の『原敬日記』では、次のように書かれている。

午前十時頃より南部藩史編纂に従事の諸員を吉田屋に招き、既に編纂を終りたるものに関して注意を喚び、尚ほ将来の事を協議せしが、此事業何分にも遅々として進まず、近頃谷河尚忠が委員等に推されて委員長となり、編纂上の方針を変ぜんとするにより、痛く其不可を論じ、可成速かに編纂を終るべしと繰々も忠告せり、午餐を倶にしたり。

それから二年を経過しても、脱稿に至らなかった。資金を提供している原は、苛立ちを抑えられなかったに違いない。起稿方法の変更を指示し、部下だった菊池悟郎に原稿を依頼することにしたのである。

菊池悟郎に編纂を依頼

菊池悟郎は明治七（一八七四）年花巻出身であり、当時大阪新報東京支局詰めであった。そのいきさつについて、『原敬日記』（明治四十二年七月三日）では、「五、六年前から南部藩史編纂に着手してきたが、脱稿には至らなかった。大阪新報の改革の結果、人員のやりくりが着いたので、東京支局詰めの菊池悟郎に藩史編纂を依頼し、快諾を得た」という記述がある。

菊池悟郎は元々歴史好きで、優れた書き手だった。菊池に依頼することで、南部藩史の編纂は順調に動き始める。『原敬日記』（明治四十三年八月二十一日）には、こう書かれている。

南部藩史脱稿せしに付過日来再び通読し本日桜山事務所に委員等を集めて更に協議し、明日より委員等集りて会談調査する事となせり、今回は確定一段落を告げ帰京後出版する積なり。

平成二十二（二〇一〇）年秋、原敬が菊池悟郎に宛てた自筆の書簡が九通原敬記念館に寄贈された。この書簡の発見により、原が『南部史要』の進捗ぶりに大きな関心を持ち、菊池に指示していたことが明らかになった。

最初の書簡は明治四十二年十二月六日のもので、「利敬公の分、目を通した、「薨ず」と「卒す」の表記については、殿様を「公」を称していることや尊敬の意を込めることから「薨」の字がよろしいと考える」などと表記上の意見を述べている。

また、明治四十三年八月八日付の菊池宛書簡では「地図についてだが、小さいので宮城県の一部を削除すること、旧南部領以外の地名山川は必要最小限に留めること。現行の地理に合わせて鉄道線路を入れた方がいいと思う」とか、同年八月十二日付の書簡では「大浦為信の箇所で『横領』の言葉を使用しているが、穏当な言葉が思いつかずそのままにしている。津軽関係はこれくらいの量を校正すれば大丈夫だと思う」など、菊池の記述に対して細かく読み、アドバイスを与えている。原自身、盛岡藩の歴史に通暁していたことがうかがえる。

明治四十三年九月二日、『原敬日記』は、「足掛け七年をかけて南部藩史の原稿が大体まとまったため、夕方に家で晩餐を開いた。この晩餐には原の他十二名が参加したが、記念として作った三ツ組盃（岩手山に鶴二羽を描き、裏に「南部史要編纂紀念」と記載）を参加者に与えた」と記している。

菊池悟郎は原から依頼されて精力的に取り組み、一年余りで南部藩史をまとめ上げた。原が発案した南部藩史は足掛け七年をかけ、やっと脱稿のめどが立ったのである。

『南部史要』が完成

原は当時政友会の幹部として忙しかったが、忙しい合間を見て完成を目指した。『原敬日記』（明治四十四年七月八日）には、次のように記されている。

南部藩史を先年来調査せしが大体纏りたるに因り、本日東洋印刷に印刷を命じたり、但此藩史は余自ら史料を調査するの余暇なかりしに因り、菊池悟郎の起草せしものを校閲して批評を加へたるに過ぎざれば、到底完全のものとは云ひ難く、他の批評を待って再版の見込にて印刷に附したるなり、右故出版部数も僅かに一千部を限りとせり。

最後まで手を緩めない、原の万事をおろそかにしない姿勢がうかがわれる。原は南部家への配慮も怠らなかった。『原敬日記』（明治四十四年八月十五日）には、次のように書かれている。

先年来企画したる南部藩史も既に編纂を終りて印刷中なるに因り、南部邸にては其従事したる諸氏を招待し紀念として紹の紋付を各自に贈与したり、余も之に臨席し、元来此編纂のことは最初より南部家に毫も其累を及ぼさずして完成する積なりしが、今回の贈与は各自の意外とし且つ光栄とする所なる旨を述べたり。此事は昨年太田家令と打合せ置きたることにて今回伯爵の帰県を軸として実行したるなり、但余は此贈与を受けたるには非らず。

文中「太田家令」とあるのは、既に紹介した通り、新渡戸稲造の叔父・太田時敏のことで、原は太田と連絡を取りながら、盛岡藩史を完成させていった。「伯爵」とは、南部利恭の長男利淳のことである。原は利淳からの記念品を受けとらなかった。南部家の顔を立てていることがわかる。当初原は南部家に少しの負担もかけないつもりだったが、南部家では原が推進した事業に褒美を与えることでねぎらったのである。

同年十月一日の『原敬日記』には「南部史要を南部家に贈り、其他知人間に分配し始めたり、但盛岡の分は同地より分送せしむる筈なり」とあり、『南部史要』を南部家に贈ったほか、知人に配り始めた。なお、友人の菊池武夫から『南部史要』寄贈のお礼の手紙を届いており、逸早く菊池に寄贈していたことがわかる。

十月八日には盛岡へ『南部史要』五百部郵送し、盛岡でも配り始めた（『原敬日記』）。

『南部史要』緒言

『南部史要』は盛岡藩の歴史を簡潔に記した歴史書で、南部氏初代光行公が鎌倉時代初めに三戸に築城して以来、盛岡藩最後の藩主四十一代利恭公までの七百年の歴史書である。そのうち、後半の二百三十年が原家と大きな関わりを持っている。

原は、『南部史要』に次の緒言を寄せた。

七百年四十一代間に、名君賢相のみあるべき筈なし、これ無論のことなり、而して旧藩人の情誼よりせば、成るべく善きを伝へ悪しきを秘せんとするは、当然の情なれども、それにては当時の真相を伝ふること難し、故に善きも悪しきも、忌憚なくこれを記したり。

善なることだけではなく、都合が悪いことも忌憚《きたん》なく記すという編纂方針を採ったことで、『南部史要』は歴史書としての価値を高めたのである。

なお、菊池悟郎は原没後の十三回忌の席で、原との共同作業について「祝辞祝文のような形式的なものでも自己の者においてするものは必ず目を通す、それほど綿密な方であった。役所の書類に盲判を押すこともない」と述懐している（「菊池悟郎語録」）。『南部史要』に対する原の熱意が伝わってくる。

第六章　原敬内閣の誕生

第一節　『武士道』をめぐって

新渡戸稲造がアメリカで療養

原敬が順調に政治家の道を歩み始めていた頃、新渡戸稲造は困難に直面していた。新渡戸稲造が札幌農学校で教えているのは恵まれた学生である。貧困のため、学校に行けず、義務教育さえ受けられない子供たちが大勢いた。そんな子供たちのために、稲造は夜学校を開設した。遠友夜学校である。

この学校の授業料はなく、昼間学校に通えない人々の学びの場となった。稲造は忙しく、この学校に時間を割くことがなかなかできなかったが、札幌農学校の学生たちが支援した。遠友夜学校は昭和十九年まで、半世紀も続いた。稲造は昭和八年に亡くなるが、死後十年以上も続いたことになる。

一方で、稲造は悲しい出来事に遭遇した。明治二十五（一八九二）年一月十九日、待望の長男が生まれた。遠益（トーマス）と名付けられたが、わずか一週間で病死してしまったのだ。悲しみに打ちひしがれた稲造は仕事に没頭した。

仕事に没頭したためか、稲造の身体に異状が見られるようになった。右腕に痛みが走り、不眠症に悩まされた。

病床に臥し、しまいには教壇に立てなくなった。過労に加え、遠益を亡くしたことによる神経衰弱が稲造を悩ました。やがて、黒板に字が書けない状態になった。

明治三十（一八九七）年十月二日、医師ベルツの勧めもあり、稲造は札幌農学校を退任し、鎌倉、沼津を経て群馬県伊香保温泉に療養することになった。

同僚の佐藤昌介や宮部金吾らは心配し、療養に専念するようにといった。その結果、次第に健康が回復した。伊香保温泉療養中の明治三十一年八月、稲造は『農業本論』を出版した。稲造にとって初めての著書で、「辱けなく高恩を追慕し、亡母の紀念に此書を捧ぐ」と母勢喜へ献じている。稲造は九歳で親元を離れたが、その後母親と会うことはなく、十八歳で母親を失った。「一生懸命勉強し、日本はおろか世界に、名を挙げるよう励め」という母親の手紙を胸に刻み、稲造は勉強に励んだのだった。自身を叱咤激励してくれた母親に対する感謝の気持ちをことばに残したのである。

翌明治三十二年三月二十七日、稲造は佐藤昌介とともに日本で最初の農学博士となった。共に東京帝国大学評議会の推薦である。

稲造はメリーの勧めもあり、アメリカでさらに療養生活を送ることにした。明治三十一年年七月、稲造はメリー夫人、養子の孝夫（長男遠益死亡後、稲造の姉喜佐の二男が養子になった）を伴い、横浜から船で出発、カナダのビクトリアなどを見学後、サンフランシスコに到着し、サンフランシスコから南に二〇〇キロほど離れたモントレーに移った。

『武士道』と楢山佐渡

ドイツに留学中の頃、稲造はベルギーの法学者・ラブレー教授と交流したことがあった。ラブレー教授からは日本の宗教教育について問われたが、稲造は日本では特別な宗教教育といったものはない、と答えた。そのとき、ラブレー教授は宗教教育なしに、はたして道徳教育ができるのかという疑問を口にしたという。

そのときのことが、稲造の脳裏にたびたび甦ってきた。確かに、日本には宗教教育はない。だが、日本人に倫理観がないわけではない。日本人独特の倫理観や宗教観があるはずだ。

そう思いモントレーで書き続けた文章は一九〇〇（明治三十三）年一月、フィラデルフィアにある小さな出版社から発売された。英文で書かれた"*Bushido: The Soul of Japan*"「日本の魂」という副題がついた『武士道』である。巻頭には「我が愛する叔父太田時敏にこの小著をささぐ」と記してあった。

『武士道』はたちまちベストセラーになった。この本の出版により、世界から日本が注目を浴びるようになったといわれている。『武士道』は日本人の誠実で剛毅な精神を伝えているが、稲造には別の感慨があったと推測される。

『武士道』には、戊辰戦争で敗北した結果切腹を余儀なくされた盛岡藩家老・楢山佐渡の影が見え隠れする。稲造の祖父・傳は三本木原開拓で名を馳せたが、佐渡と親しかった。叔父太田時敏も佐渡と親しく、稲造は佐渡のことをふたりから伝え聞いていたと推測される。義に殉じた佐渡は、理想の武士像として稲造の脳裏に焼き付いていた。あるいは、稲造には佐渡の無念を晴らしたいという気持ちがあったかもしれない。

新渡戸が『武士道』を出版したとき、原は大阪毎日新聞社社長として新聞界で敏腕を振るっていた。盛岡藩家老の孫として生まれた原は武士の子としての躾《しつけ》を受けており、武士道が生活の中に染み込んでいたと推測される。

なお、『武士道』の日本語訳が出版されたのは明治四十一（一九〇八）年で、原は西園寺公望内閣で内務大臣を務めていた。

原敬の世界一周旅行

原と新渡戸稲造の『武士道』には、こんな接点があった。

原は第一次西園寺公望内閣で内務大臣を務めたが、明治四十一（一九〇八）年七月十四日桂太郎内閣成立に伴い辞任した。この時、臨時に七百円の賞与を貰っている。

明治三十八年十二月、不貞を働いた貞子と原は正式に離婚、長く内縁関係にあった芸者・浅を明治四十一年一月十三日、正式に入籍した。

住まいが狭かったので、新居を購入しようと思い、原は浅に相談した。浅は現在の家は多少増築すればよく、残った金で久しぶりに洋行し、見聞を広めたらどうかと提案した。

原はその提案を受け、随員を伴い、夫婦で世界一周の旅に出た。横浜を出発、カナダのバンクーバーを経てアメリカに上陸、シアトル、サンフランシスコ、ニューヨーク、ボストンを経てヨーロッパへ。それからフランス、イギリス、ドイツ、スペインなどを経てモスクワへ。帰りはシベリア鉄道、南満州鉄道を乗り継ぎ、ハルピンを経て旅順に到着。旅順から船（浅草丸）で日本に帰国した。十七カ月に及ぶ旅だった。

サンフランシスコではこんなことがあった。市内には日本人による喫茶店があり、日本人がアメリカに溶け込もうとしていることに安堵したが、海水浴場で「日本人入るべからず」の立て看板を見た。このことが後年原が内閣総理大臣に就任した際、パリ講和会議で「人種差別禁止の規定」を国際連盟規約に盛り込むことを強力に提案するきっかけとなった。

原は二十年前、公使館の臨時代理としてパリに滞在したことがあった。久しぶりのパリは懐かしかった。

九月二十七日、ワシントンに着いたときは岩手県一関市出身で日本大使館に勤務する高平小五郎大使が歓待してくれた。高平は安政元（一八五四）年生まれで、戊辰戦争の際には一関藩士として秋田藩と戦っている。

日露戦争に勝利した日本は、第二十六代アメリカ大統領セオドア・ルーズベルトの斡旋によりポーツマス条約を調印した。そのときの日本代表は小村寿太郎だが、高平は小村の下で実務に当たった人物だ。そのこともあり、高平は原にルーズベルト大統領に謁見してほしいと依頼した。

原は明治四十一年九月二十八日、高平の紹介で、ルーズベルトに謁見している。

ルーズベルトは、親日家として知られていた。明治三十七年三月、日露戦争中のことだが、貴族院議員金子堅太郎が政府から派遣され、ルーズベルトに斡旋工作を依頼している。金子はハーバード大学留学中にルーズベルトと知り合っていた。高平はそのとき、金子と共にルーズベルトに会っているが、その際ルーズベルトに新渡戸稲造の著書『武士道』を進呈している（平野恵一『高平小五郎―ワシントンからの報告』）。

『武士道』を読んだルーズベルトはその内容に感心し、子供たちに買って与えたという。原とルーズベルトが会った際、新渡戸稲造のことが話題になったに違いない。

なお、世界一周旅行に出かける前、原夫妻は大矢馬太郎盛岡市長の別邸で十一日間宿泊した。現在この別邸は南昌荘として盛岡市民に親しまれており、邸内や庭は当時のままに残っている。

明治天皇はセオドア・ルーズベルトが『武士道』を愛読していると聞き知り、明治三十八年四月十二日、新渡戸稲造に参内を求めた。

第二節　新渡戸稲造と後藤新平

新渡戸稲造と後藤新平との出会い

原敬が出世し、南部家との関係を深めていた頃、新渡戸稲造も出世の糸口をつかんでいた。アメリカでの療養中、一九〇〇年に『武士道』を英文で出版し、世界的にベストセラーになったことが健康面にもプラスに働いたのかもしれない。稲造にとって後藤新平との出会いが幸運をもたらした。

健康が回復した稲造は、当初親友の佐藤昌介や宮部金吾らがいる札幌農学校への復帰を考えていた。現に、稲造はカリフォルニアから宮部金吾宛ての手紙で、札幌農学校に復帰する意思を伝えている。それ故に、農商務大臣曽禰荒助《そねあらすけ》からの、台湾で働かないかと手紙に断りを入れたのである。

だが、後藤新平から、やはり台湾で働かないかという手紙を受け取ってから次第に、心が動き始めた。

台湾は日本最初の植民地だった。日清戦争の結果、日本は清《しん》から台湾と澎湖諸島《ほうこしょとう》を割譲《かつじょう》され、新たな領土としたのである。だが、台湾における日本の統治は当初、困難をきわめた。台湾経営が軌道に乗るのは第四代台湾総督・児玉源太郎《こだまげんたろう》の時代からで、児玉の下、民政長官として活躍したのが後藤新平である。

後藤新平は安政四（一八五七）年六月四日、水沢（現奥州市）に生まれた。水沢は当時仙台藩に属していて、留守家が支配していた。新平は藩校立生館に入学したが、やがて明治維新となった。後に総理大臣に就任した斎藤実《さいとうまこと》とは竹馬の友である。

新平は福島県の須賀川医学校に学び、二十五歳の時、新平は大参事安場保和《やすばやすかず》に見込まれた結果、須賀川医学校卒業後に愛知県立病院長兼医学校長になった。

飛躍のきっかけは、板垣退助との出会いだった。明治十五（一八八二）年四月、自由党総理板垣退助が岐阜で暴漢に襲われる事件が起こったが、このとき往診したのが後藤新平だったのである。

板垣の知遇を得た新平は、政界入りする。内務省技師から同省衛生局長になったが、明治二十年に起こった奥州磐城中村城城主・相馬六万石の相続争いである相馬事件に連座して入獄している。無罪を勝ち取った後衛生局長に復帰し、児玉源太郎の推挙によって台湾総督府民政長官となった。植民地行政に新平は手腕を発揮するが、新渡戸稲造に電報を打ったのはその最中のことだ。

新平は児玉源太郎と共に改革を進めていた。台湾の農業と工業を発展させようと思っていたが、農業分野では製糖事業が大きな鍵を握っていた。そこで、同じ岩手出身で、日本で初めて農学博士となった稲造に白羽の矢を立てたのだ。

新平が新渡戸の招請にこだわった理由として、まず台湾総督府殖産課に札幌農学校出身者が多かったことがあげられる。当時の日本には植民地経営に関する専門家がいず、北海道開拓の経験が台湾でも役立つと考えられたのである（佐谷眞木人『民俗学・台湾・国際連盟』）。

新平に稲造を推薦したのは、菊池武夫だった。菊池の妹澄子は稲造の兄道郎と結婚したが、道郎は明治十七年二十五歳で亡くなり、澄子は実家に戻っていた。

稲造はアメリカから帰国し、早速新平を訪ねた。新平はインフルエンザにかかっていて、四十度近い熱があった。それでも稲造と会い、条件の話をした。役人になると官等の制限があり、稲造の履歴では五等官以上の俸給は出せない。だが、嘱託にすれば俸給が望み通り出せる。そう新平はいった。

稲造は俸給にそれほどこだわっているわけではなかった。ただ、新平を面白い人だと思い仕えてみようと思った。

新平にいわれ、稲造はすぐに児玉総督を訪ねた。

数日後、新聞に稲造が台湾総督府技師に任命されたという記事が出た。官等は五等だが、俸給は一等という。新平が自身を高く評価してくれたことに、稲造は喜んだ。当時五等官は四級俸が最高だが、三段階上回る一級俸とは破格な待遇である。いかに、新平や児玉が稲造に期待していたかがうかがわれる。

台湾の糖業を振興

明治三十四（一九〇一）年二月、稲造は台湾総督府技師となった。台湾の製糖業を活性化する仕事に稲造は積極的に取り組んだ。

まず、稲造は製糖業を振興するために「糖業改良意見書」を書き上げた。この中で稲造は現状を分析するとともに、改良方法等日頃思っていることを書き込み、実行に移せば十年で砂糖の生産額を五倍に引き上げられると記した。

この意見書を読んだ児玉総督は稲造に会い確認した上で、翌明治三十五年六月の帝国議会に提出した。稲造の意見書に基づいた糖業奨励規則は採択になり、臨時台湾糖務局が設置された。局長には稲造が就任した。

稲造の意見書を基本にして実行された糖業奨励政策は確実な成果を収めた。数年後、砂糖の生産高は三倍になり、その恩恵を受け日本国内の砂糖需要は完全に満たされた。その後も台湾の糖業は発展を続け、昭和初期には当時世界最大の生産高を誇っていたハワイに迫るまでになった。

そのため、現代でも台湾に糖業を根付かせた恩人として児玉源太郎と新渡戸稲造の名が挙げられるという。

稲造と新平はウマが合ったようだ。翌明治三十五年五月二十五日、稲造らは新平に同行して欧米を旅行している。台湾を出発し、バンクーバー、シカゴ、セントルイス、ワシントン、ニューヨークなどを経て海路でロンドンへ。以後パリ、ベルリン、モスクワなどを経て、半年以上世界を見て回り、十二月七日、台湾の淡水港に到着した。

一九〇〇（明治三十三）年に刊行した『武士道』が世界的なベストセラーになっていたので、稲造は各地で歓迎された。

フィラデルフィアに立ち寄ったときは、メリー・エルキントンの実家を訪ねている。一緒に実家を訪ねた新平は、メリーの父親を古武士と呼んだ。身体が大きく、どっしりとしていたからだ。一方、母親は仏さんと呼んだ（内川永一朗『余聞録　新渡戸稲造』）。稲造と新平の親密さをうかがわせるエピソードだ。

稲造と共に旅した新平は稲造の人間性に触れ、役人として生きるより教育者として生きるほうがふさわしいのではないか、と考えるようになった。元々健康に不安がある稲造だが、台湾での滞在が三年になるに及び、健康が思わしくなってきていた。

第一高等学校（一高）校長

新平は帰国後、早速行動に移した。京都帝国大学法科大学学長織田万《おだよろず》を訪ね、稲造の学会復帰を働きかけたのだ。この働きかけが功を奏し、明治三十六（一九〇三）年十月、稲造は京都帝国大学法科大学教授に迎えられた。

稲造は植民政策を担当した。京都は伝統があり、学問を愛する街で居心地はよかった。学界に戻った稲造は講義に力を注いだ。高い学識と実践に裏付けられた稲造の講義は、学生に人気だった。

やがて、京都で教えていた稲造にまた転機が訪れた。

転機をもたらしたのは、文部大臣牧野伸顕《まきののぶあき》だった。牧野伸顕は明治維新の元勲大久保利通の二男だ。牧野吉之丞の養子となり、牧野家を継いだ。第一次西園寺公望内閣で文部大臣に就任したばかりの牧野は、稲造の人間性にほれ込んでいた。

稲造が新平らと共に欧米旅行に出かけたことはすでに紹介したが、その際に稲造は牧野に会っている。一行がオーストリアを訪ねたときのことで、当時牧野はオーストリア駐在日本公使だった。稲造と新平は公使官邸に牧野を訪ね、初対面の挨拶を交わしている（内川永一朗『余聞録　新渡戸稲造』）。

当時第一高等学校には天下の秀才が集まっていたが、エリート意識が過剰で極端な排他主義が漂っていた。そういった校風を一新する人材として、稲造が浮かび上がってきたのである。牧野から稲造に、第一高等学校校長に就任してほしいという要請があった。

稲造は断ったが、繰り返し牧野から要請がきた。

やむなく、稲造は新平に相談した。新平は、実現不可能と思われる教育改革案を出せば、牧野はあきらめるのではないか、といった。

そこで、稲造は外国人教授を五人から十人に増やすこと、一高の年間予算を倍にすることなどを提案した。

稲造の提案を見た牧野は、政府の財政は厳しい。提案をそのまま実行できないが、日本の将来のために若者を教育してくれないか、と懇願した。情にもろい稲造は牧野の熱意に負け、第一高等学校校長を引き受けることにした。東京帝国大学教授を兼ねるという稲造の要望は受け入れられ、同明治三十九年九月二十八日、稲造は第一高等学校校長に就任し、東京帝国大学で最初の植民政策学担当教授となった。

第一高等学校校長に就任した稲造は、まず学生たちに社会性と道徳性を持ってほしいと考えた。寄宿舎にいて思索や議論をするだけではなく、社会にもっと目を向けてほしいと考えた。そのため、週に一度倫理講話を担当し、平易な口調で学生たちに語りかけた。学生の相談にもていねいに応じた。そうした稲造の姿勢に、学生たちの多くは感化されていった。

新渡戸稲造と宮沢賢治

感化されたといえば、宮沢賢治もそうだったかもしれない。明治四十二（一九〇九）年六月二十五日、稲造は盛岡中学校で訓話をしている。聴衆の中に、入学したばかりの賢治がいた。稲造は「黙思の習慣を養うよう生徒に訓話」したとされている。故郷に錦を飾った稲造の姿は、賢治の目に焼き付いたと推測される。当時、賢治は東京にあこがれる気持ちを抱いていた。生涯九度にわたって上京し、延べ滞在日数は三百日を超える賢治だが、「東京」ノートが書かれ始めるのは明治四十二年のことで、稲造の姿を見ていっそう東京への思いを募らせたのかもしれない。明治三十三年に稲造が英文で出した『武士道』が世界で読まれたという事実は、賢治に勇気を与えたことだろう。世界の読者に読まれたい。そう願った賢治は人工国際語エスペラントに関心を抱き、独習した。賢治が作り出したイーハトーブという言葉は、エスペラントをもじった言葉で、賢治のエスペラント熱をもたらしたのは、新渡戸稲造だった。

第三節　『原敬日記』に、新渡戸稲造が登場

原敬と後藤新平

後藤新平との出会いに焦点を当て稲造の軌跡をたどってきたが、後藤新平と原はすでに出会っていた。原敬の日記には、何度も後藤新平の名が登場する。年齢は原が一つ上、同年代のふたりはお互いを意識しながら、出世街道を走っていた。

日露戦争後の明治三十九（一九〇六）年、第一次西園寺公望内閣で内務大臣に就任した原は、後藤新平を初代満鉄総裁に任命している。もちろん、台湾総督府民政長官として活躍した新平の手腕を見込んでの抜擢だった。

当初新平は断ったが、原は山縣有朋、寺内正毅、西園寺公望に根回しし、後藤の説得に当たたっ

ている。『原敬日記』（明治三十九年八月二日）には、「昨夜後藤新平来訪、南満州鉄道総裁たる事を内諾せし旨物語れり」とある。

新渡戸稲造が原敬の日記に登場するのは、わずか二度にすぎない。最初に登場するのは大正三（一九一四）年八月十五日のことで、この日の日記には後藤新平も登場する。次のように書かれている。

後藤新平より急に面会を望む旨申越に付還幸御迎をなしたる後会見せしに、彼は時局に付今日まで聞込みたる事を内話し政府は失策多き事を物語れり、而して此事に関しては貴族院にも反感あるに付或は縦断の出来ぬにも非らざるべしと云ふに付、夫れは大に試むべしと云ひたるに、後藤は然らば奥田と此事を相談する様なしくれと云ふに付、奥田尤も可なり、余より話し置くべしと云ひ置きたり、又彼の内話中山縣に一昨日面会せしに、其朝に大隈山縣を訪ふて政府の案に同意しくれざれば内閣を辞すると云ひたるも、大隈の事に付今日の事は明日の当てにもならず、能き様に云へりとと冷笑して物語れりと云へり、又先達大隈が新渡戸稲造を介して面会を求め教育慈善などの事に付内話せしが、其末議会を解散せば内閣の改造も必要とする故其時は君を労したしなどと云へり、大隈は大隈後援会を後藤に統率せしめんと計りたるもの、如しと後藤云へり。

同年四月十六日第二次大隈内閣が発足して、四カ月後のことである。原は前内閣である山本権兵衛内閣で内務大臣を務めたが、海軍の汚職事件であるシーメンス事件がきっかけで内閣は辞職に追い込まれた。

第二次大隈内閣が続いて発足したが、原は同年六月十八日、西園寺公望の後を受け、政友会総裁に就任したばかりだった。

大隈重信は、原の政敵である。政局運営を円滑にするために、首相と野党の党首が会談するのはよくあることだが、原にはわだかまりがあった。南部英磨が大隈重信の養嗣子となり、東京専門学校（現早稲田大学）の初代校長となったが、人の借金の保証人となった結果、大隈家から離縁されたからである。すでに紹介したが、南部家の後見人である原は、離縁を急いだ大隈に非情なものを感じ、それを日記に記した。

新渡戸稲造が仲介者になったいきさつはわからないが、大隈は野党政友会の党首。原敬と会うことで、意思の疎通を図ろうとしたと推測される。稲造も両者が会って政局運営が円滑化するなら、と仲介を引き受けたのだろう。

大隈は稲造の『武士道』を高く評価しており、第一次世界大戦が始まった大正三年頃、稲造は駐日米国大使を伴って大隈を訪れている。ふたりは個人的に親しい関係にあった（佐藤全弘・藤井茂『新渡戸稲造事典』）。

文中に後藤新平の名前がある。大隈や山縣らと会って話した内容を新平は、原に伝えている。

ふたりは同じ岩手出身ということもあり、気脈が通じていた。新平と稲造は関係が深いから、後藤の意をくんで稲造が大隈と原との会談をセットしたのかもしれない。

後藤新平、政友会入りを断る

後藤新平と原は、微妙な関係にあった。新平が元々、板垣退助の出会いをきっかけに政界入りした事情があった。第一次大隈内閣は隈板内閣《わいはんないかく》ともいわれ、大隈と板垣とで運営された内閣である。当然、新平は大隈との関係が深くなる。

政友会総裁となった原は、新平に政友会入りを勧めた。だが、新平はこの誘いを断っている。大正三（一九一四）年六月二十八日の原の日記にこうある。

後藤新平に会見せしに、彼は過日の内談に基き勘考し、又伊東巳代治《みよじ》などにも相談せし由にて其結果公然政友会に入る事は暫く時機を見る事にしたしと云へり、余は今日を以て時機を得たるものとなせども彼は斯く云ふに付其意に任せたり。察するに彼は今日尚ほ寺内等に関係を有する事情もあり、又断乎政事の表面に立つ勇気も之なきもの丶如くなるに因り、東北人彼頻りに彼の入会を望み、又後藤に其意思あること確かなりと云へども後藤は官僚式にて未だ決心に至らざるもの丶如し、此類の人は多く此癖あるもの丶如し。

原にしてみれば、自分が新平を初代満鉄総裁に任命したという思いもあり、政友会に入会してくれるものと期待していた。とはいえ、新平には人間関係のしがらみがあった。原の推測は正しく、後に新平は寺内正毅内閣で内務大臣を務めている。

東北振興

同年（大正三年）十一月六日の日記に、再び新渡戸稲造の名前が出てくる。二度目で、これを最後に新渡戸の名前は原の日記に登場しない。

昨年来、企画せし東北振興会の件に関し、渋沢栄一が先達中より委員等少数の者集会して前途の見込を立てたしとの内話あり、本日同人の案内にて三友倶楽部に渋沢栄一、益田孝、高橋是清、大橋新太郎、新渡戸稲造及び余会合し意見を交換したる末、余は政府より相当の助力を得んこと今日は望なきも兎に角政府をし政事上適当の件は処置せしむる事とし、又殖産兼物産会社の如きものを設立して、第一、東北地方の物産の販路を開きて売捌をなす事、第二、会社自ら開墾其他相当の事業をなす事、第三、低利の資本を供給する事と云ふが如き目的を立て具体的に着手すべし、夫が為めには会社を興すを可とすと云ひ、高橋も会社か協会かを興して其目的を立てたしと云ひ、尚北海道拓殖銀行を拡張するも可なりとて在職中考へたる事を内話し、結局、渋沢の手許にて見込書の如きものを起草し、具体的に相談することに決せり。

原と稲造が初対面だったのかどうかはわからないが、東北振興の件で顔を合わせたのだった。戊辰戦争で敗れた東北諸藩は、明治維新以来開発の後れが目立っていた。明治新政府は主に戊辰戦争で勝利した薩摩・長州・土佐・肥前出身者で政策が実行され、東北地方はその恩恵を受けることがなかった。そうした東北の後れを挽回するための方策を考える会が開かれたのである。リードしたのは、政界で力をつけてきた原敬だった。

原は明治三十九（一九〇六）年、五十歳のとき、第一次西園寺公望内閣で内務大臣になっている。東北出身者で内務大臣になったのは、原が初めてだった。明治四十四年には第二次西園寺内閣の内務大臣となったが、この時は鉄道院総裁を兼ねている。

大正二（一九一三）年には、第一次山本権兵衛《ごんのひょうえ》内閣の内務大臣となる。

翌年四月十六日、第二次大隈重信内閣の成立に伴い内務大臣を辞任したが、六月十八日に第三次政友会総裁に就任している。日記が書かれたのは政友会総裁に就任して五カ月ほど経った時期のことで、内閣総理大臣を狙える地位に昇りつめていた。

一方の稲造は大正二年四月二十二日、一高校長を辞任し、東京帝国大学教授専任となっていた。担当していたのは、植民政策である。

なお、文中渋沢栄一の名が出ているが、稲造と渋沢が親しくなったのは明治四十年一月二十二日、銀行倶楽部で開催された晩餐会がきっかけだった。稲造はその日、第一高等学校長として出席したのである。渋沢は第一国立銀行設立に貢献するなど日本に西欧型の金融機関を根付かせた功労者だが、以後稲造とは親交を深めていく。稲造が国際連盟事務次長を務めた間は、国際連盟協会会長として支えた。晩年は稲造と共に、太平洋問題調査会の活動に携わり、国際平和のために尽力した（渋沢雅英「新渡戸稲造と渋沢栄一」）。

第四節　新渡戸稲造と柳田國男

郷土会

稲造が東北振興の会に携わったのは、日本で初めての農学博士だったことも関係している。東北振興のためには農業の振興が欠かせない。稲造の識見が必要とされたのだ。台湾の製糖業の発展に稲造が寄与したことも、原は後藤新平から聞かされていたに違いない。

東北地方の農業に関しては、稲造は明治三十九（一九〇六）年に半谷清寿《はんがいせいじゅ》が刊行した『将来之東北』の中で、東北には稲作が不適と指摘していた（内川永一朗『余聞録　新渡戸稲造』）。

半谷清寿は福島県相馬出身の実業家だ。明治維新と東北地方との関係に始まり、将来の東北像を論じた本だが、稲造と後藤新平が序文を、原敬が論説を寄せている。こうした伏線があり、東北振興が課題として浮かび上がってきたに違いない。

原が藩閥政治の打倒を心の奥底に持っていて、東北の後れを自身が権力の中枢に昇ることで取り戻そうとしたのに対し、稲造は政治の世界とつながりながらも研究者としての色彩が強い。明治三十一（一八九八）年に『農業本論』を世に出し、日本で初めての農学博士となった稲造は、その本の中で地方学《じかた》の研究を提唱している。

その考えが、郷土研究の会に発展する。稲造が一高校長をしていた一九一〇年頃の事《こと》だが、一緒に郷土研究をしていたのが柳田國男だった。

当初柳田邸で開かれていた郷土研究の会はやがて会場を新渡戸邸に移し、「郷土会」と名称を変えて行われ、大正八（一九一九）年まで月一回ペースで続いた。

内川永一朗・小森一民『新渡戸稲造年譜』によれば郷土会の発足は一九一〇年一二月四日のことで、稲造が代表者、柳田國男が幹事役だった。異色なところでは、創価学会の創設者牧口常三郎《まきぐちつねさぶろう》が会員に名を連ねていた。

柳田國男と民俗学

新渡戸稲造と柳田國男が急接近するきっかけは、明治四十（一九〇七）年二月十四日、台湾総統府の任を終えて帰国した新渡戸の講演「地方の研究」を柳田が聞いたことである。この講演に柳田は深い感銘を受けた。

柳田國男は明治八年、国学者で医師の松岡操《みさお》の六男として兵庫県に生まれた。明治三十三年、東京帝国大学法科大学政治科卒業後に大審院判事柳田直平の養子になる。文学への関心が高く、青年時代は詩を書き、島崎藤村、国木田独歩、田山花袋《たやまかたい》などと親しくつきあっている。

だが、新渡戸稲造の講演を受けた後、柳田は次第に文学から遠ざかり、民俗学へと傾斜してゆく。

新渡戸稲造が提唱する「地方学」は地方文化の衰退を食い止めるには、地方独自の文化を尊重する必要があるという主張であり、地方の自立のための学問である。稲造は明治三十一年に刊行した『農業本論』で地方と都会の格差問題を取り上げ、「地方学」を提供していたが、その頃は構想に留まっていた。台湾での植民地行政体験を経て、具体的なかたちに高まっていたのである。稲造の主張に共感した柳田は講演を聞いた翌年明治四十一年、九州、四国を旅行し、途中立ち寄った宮崎県椎葉《しいば》村での見聞を『後狩詞記《のちのかりことばのき》』にまとめた。民間伝承に関心を持ち、全国各地を旅し、山間辺地を訪ねるようになったのである。

いわば、新渡戸稲造は柳田國男が深めた民俗学の生みの親ともいってもよい。その点も新渡戸稲造の業績の一つである。

明治四十一年、水野葉舟《みずのようしゅう》が佐々木喜善《ささききぜん》を連れて、東京牛込にあった柳田の自宅を訪ねてきた。佐々木喜善は遠野の出身で、民俗学への関心を深めていた。喜善の語る遠野の話に、柳田は引き込まれてゆく。

毎月一回、喜善は柳田に話を聞かせることになり、それが元になり一九一〇年六月に刊行されたのが『遠野物語』である。

佐々木喜善と出会ったことで柳田は、その後も岩手を頻繁に旅するようになった。郷土会は一九一九年、稲造が国際連盟の仕事で日本を離れた際に幕を閉じるが、稲造は大正十（一九二一）年に柳田を国際連盟委任統治委員会委員に推薦し、ふたりの関係は続くことになる。

東次郎の死

明治四十五年三月二日の日記には、次の記載がある。

旧南部藩にて家老などを勤めたる門閥東次郎病死に付、維新頃大参事となりたる事跡を申立て叙位の恩命に浴したしと遺族親戚の希望を南部家々令太田時敏来談に付、其筋に斡旋せしに多田好問等に諮詢せし結果なりとて意外にも正五位に叙せられる。

叙勲の斡旋を太田時敏から依頼された原には、特別な感慨があったかもしれない。東次郎は、原が敬愛し秋田戦争の責任を問われて切腹した盛岡藩家老楢山佐渡のライバル的な存在だった。盛岡藩家老として敗戦後の処理に当たった東は、外交官に活路を求め、外務省に入省した。韓国釜山に在勤後、清の芝罘《チーフ》初代領事となっている。明治十九（一八八六）年に退官した。

東が外務省に入ったのは原と同様、明治十五（一八八二）年のことで、ふたりは上海で会っている。

盛岡藩など賊藩出身者は、藩閥政府の中では活躍の舞台が限定されていた。比較的活躍の余地が残されていたのが外交や軍事の分野で、東や原が外交の世界で活躍したことで、後進の道が拓かれたのだった。

太田時敏の死

原と二人三脚で南部家の運営をしてきた太田時敏だが、年齢を重ねるにつれ、病気がちになっていった。

大正四（一九一五）年一月十八日の『原敬日記』には、原が太田時敏を見舞ったと記されている。太田は元気なようすだったが、三月に開かれる南部利祥公没後十年祭を節目にして、退職を願いたい考えだ、と原に伝えた。

原は元々、忙しい身である。南部家のことで時間を割かれることに煩わしさを感じることもしばしばだったに違いない。そろそろ辞めたいという心情を時敏と原の間には、協力して南部家を支えてきたという同志的な絆があった。

原が訪問した際、元気な様子に見えた時敏だが、病状が次第に悪化、二日後の一月二十日に亡くなった。七十八歳だった。その日の日記には、こう記されている。

今朝四時過太田時敏遂に死去せりとの報に接し午後往訪せり、太田は在職満十五年にして、南部晴景が家令たりしときの不始末を整理して南部家の家政以て安泰なるを得たり、七十八歳と云ふ、惜むべき事なり。南部邸に至り伯爵夫婦に面会し太田に対する弔意如何せしやを尋ねたるに一と通りの事をなしたるも慰藉金は相談の上にしたき考なるが五百円乃至千円をやりたしと云ふに付、千円然るべしと云ひ置きたり、又後任の事に付ては篤と人選せらるべく、南部家に衣食を求むるために希望する者もあらんが夫れにては家の為めにもならず、順序よりすれば山本茂昭然るべしと思ふも篤と考慮の上に定められたし、容易に誰が宜しからんなど口外せら丶勿れと戒しめ置きたり、実は後任を得るに甚だ困難なりと思ふ。

明治、大正と時が経過するにつれて、南部家と旧藩士との関係は希薄になってきていた。太田時敏の後任には、予備陸軍大佐及川恒昌《おいかわこうしょう》が決まった。大正四年二月三日の日記に、その旨が記されている。

なお、一月二十一日の岩手日報に、太田時敏の死亡広告が掲載された。次のような内容だった（内川永一朗『余聞録　新渡戸稲造』）。

父時敏儀予て病気療養中の処薬石効なく今二十日午前四時死去致候此段謹告仕候　一月二十日　男太田常利　親戚総表新渡戸稲造　友人原敬　総代山屋他人

かつて稲造は子供のいない時敏の養子となり太田稲造となったが、次兄道郎、長兄七郎が相次いで亡くなったため、新渡戸に復姓した。

代わって後を継いだのが、太田常利《つねとし》だった。

死亡広告では稲造が親戚総代表、原敬が友人と名を連ねている。なお、山屋他人《やまやたにん》は盛岡出身で海軍大将にまで昇りつめた人物で、皇太子妃の雅子さんは曽孫に当たっている。

太田時敏の葬儀は青山斎場でで行われ、南部利淳、原敬、後藤新平らが参列し、会葬者は五百人を超えた。墓は港区青山の青山霊園にある。

当時、政友会総裁の原敬と対立する関係にあった立憲同志会から新渡戸稲造は立候補を噂されていた。立憲同志会は桂太郎が大正二（一九一三）年に結成した反政友会の政党である。原は盛岡から衆議院議員に当選していたが、稲造を衆議院議員に擁立する話が持ち上がったのだ。大正四年一月二十五日の原敬の日記によると、その日原は後藤新平と会い、岩手県では立憲同志会と政友会とが妥協し、無謀な戦争をやめようと話し合っていた。後藤は稲造と懇意であり、桂太郎と盟友関係にあった（内川永一朗『余聞録「新渡戸稲造」』）。そんな背景もあってか、稲造は選挙に出る話を断った。

第五節　原敬内閣成立

「対華二十一カ条の要求」に反対

すでに紹介した通り、原敬は明治十五（一八八二）年、井上馨外務大臣に見出され、二十六歳のとき外務省に入った。翌年十一月には中国に渡り、天津領事になっている。

すでに欧米列強は、中国に植民地を獲得しようと躍起になっていた。原の交渉相手は、清朝で外交を一手に引き受けていた李鴻章《りこうしょう》だった。当時六十歳で、外交に熟達しており、原は李鴻章との交渉で外交のあり方を学んだ。

李鴻章は中国が植民地にされようとしている中で、少しでも有利な条件を引き出そうと苦闘していた。それだけに、原には中国に対して思い入れがある。大隈内閣の下で遂行された、中国に対する政策には心を痛めていた。

大正三（一九一四）年七月末、第一次世界大戦が勃発した。一九〇二年に日英同盟を締結していた日本は八月八日、大隈首相の下で参戦を決定した。連合国側につき、八月二十三日ドイツに宣戦布告、その後中国の青島《チンタオ》を占領した。

翌年一月十八日、加藤高明外相は中国大総統である袁世凱に「二十一カ条の要求」を突き付けた。青島がある山東省のドイツ利権の譲渡など膨大な利権を要求する内容だった。中国政府は、強い拒否反応を示した。形式的とはいえ、中国は連合国側に属していた。当然、山東のドイツの権益は中国に返還されるものと思っており、日本の要求は中国の主権を侵すもので、到底のめるものではない、と激しく反発した。

加藤外相は日本軍を増強し、要求をのむように中国に迫った。五月五日には戦争突入を切り札として最後通牒《つうちょう》を発した。

日本軍を恐れた中国はこの要求に屈し、五月九日要求を受諾した。中国ではこの日を国恥記念日とした。以後、抗日運動が活発化する。五月四日、北京大学で起こったデモが最も有名なので「五四《ごし》運動」と呼ばれた。

原敬は悪化する日中関係を憂いて、五月六日の日記にこう記している。

対支問題に付最後通牒を発するとて御前会議を開らき、決定の上政府は九日午後六時迄を期して支那に所謂最後通牒を発したる由なり、但元老等の注意によりて再度提出の案を更に修正して送りたる由にて、政府筋にては支那は譲歩するならんと云ひ、又其趣旨にて元老等を折合せたるやにも聞く、尤も国民義会とか称する政府側の外交団体にては元老（多分松方のことか）軟論なりとて強迫の決議をなしたるのみならず、重立たる者を歴訪して強迫したる趣にて、政府党新聞も殆ど同様の傾にて国論を誣ひ居るが如し、彼等政府維持の為めに徒らに世の耳目を掩ふて横暴を極め居れり、歎ずべきの至りなり、心ある者は皆な憂慮するも、少しく異論を唱ふるときは直に国賊なり、袁探なりと政府党並びに其機関紙が騒動するにより、皆な口を緘《かん》して黙し居るの情態なり。

日記に記す通り心ある人々はこの状態を憂慮していたが、少しでも異論を唱えると、ただちに国賊といわれるため、皆口を閉ざして黙視している。

大隈内閣の政策に賛同する人々も多く、世論は賛成に傾いていた。異論を唱えると国賊にされかねない、そんな雰囲気の中で原は反対の姿勢を明らかにした。政友会総裁原敬は、国民党党首犬養毅と連携して、大隈内閣の外交は失敗だと政府の弾劾決議案を提出したが、日本の進路修正を図るこの試みは、与党が多数だったため、否決された。

後年、内閣総理大臣に就任した原敬は「対華二十一カ条の要求」における中国の主権回復や修復に取り組んだ。中国との関係改善に努めた点も原敬の業績の一つである。

後藤新平が原敬を臨時外交調査委員会委員に任命

すでに紹介した通り、原と後藤新平は気脈が通じ合っていた。

第二次大隈重信内閣が倒れ、寺内正毅内閣が成立した際、後藤新平は内務大臣に任命された。寺内と原の関係は悪くない。『原敬日記』の中で、寺内正毅は後藤新平同様「友人」と記されている。大隈内閣の政策に反対、という点でもふたりは一致していた。

大正六（一九一七）年六月五日、「臨時外交調査委員会」が天皇直属の組織として設置され、原敬が委員に任命された。当日の日記には、「後藤内相より電報あり、本日臨時外交調査会委員に任命あり」と記されている。

前年五月二十四日、政友会総裁原敬、国民党党首犬養毅、立憲同志会総裁加藤高明による与野党三党首会談が行われた。会談では大隈内閣の失政を糾すことが確認されたが、それを実施する機関として発足したのが、臨時外交調査委員会である。この委員会の総裁は寺内首相で、委員は後藤新平など内閣の関係閣僚、原敬、犬養毅だった。外交方針と対処を協議する機関としてスタートしたのである。

シベリア出兵

同年（一九一七年）二月、ロシア革命が起こり、ロシア国内は混乱した。その後、社会主義がさらに波及するのを恐れる動きが各国で活発化した。

かつてオーストリアの支配下にあったチェコスロバキアはロシアとの戦いに敗れ、投降した。投降したチェコ軍はロシア革命後も対ドイツ戦に駆り出されたが、シベリアで壊滅されそうだ、という噂が流れた。

時のアメリカ大統領ウッドロー・ウィルソンは、新渡戸稲造とジョンズ・ホプキンス大学で親しくつきあった人物だ。

ウィルソンは「ウラジオストクに日米同数の七千人の陸軍派遣」「チェコ軍救援後に撤退」という日米共同作戦を提案してきた。

翌大正八（一九一八）年七月十六日、臨時外交調査委員会でこの問題に関して、話し合いが持たれた。

アメリカが要求してきたのは、「限定出兵」だった。原はこの趣旨に賛成で、ウラジオストク出兵には賛成だが、シベリア出兵には反対という意見を述べた。アメリカと歩調を同一にすべきだ、という考えからだ。

寺内首相は元々、ウラジオストク以外のシベリアへも出兵することを考えていた。臨時外交調査委員会で原らの意見を尊重した寺内は、アメリカの提案に同意することにした。

だが、結果として、寺内はアメリカの提案を反故《ほご》にした。八月十二日、日本軍はウラジオストクに上陸した。アメリカ軍もやがて上陸したが、日本軍とは足並みが揃わなかった。満州（中国東北部）から極東ロシア一帯にかけて日本軍が出兵、約七万三千人の兵士が動員されたのである。

当然、この動きにアメリカは反対した。一九二〇年一月、アメリカ軍とイギリス軍は撤兵したが、日本軍は居座り続けた。シベリアから日本軍が撤兵するのは一九二二年十月のことで、その頃原敬はすでにこの世の人ではなかった。

戊辰戦争殉難者五十年祭

原敬は、賊藩出身者としての悲哀を胸に秘めて政界の中を昇りつめた。原敬の伝記を書いた前田蓮山の言葉を借りれば、「復讐者」としての思いを持ち続けてきた。西園寺公望から政友会総裁の座を引き継いだ原は、総理大臣を射程に入れた大正六（一九一七）年九月八日、ついにその機会を持った。

原が事実上の祭主となり、報恩寺境内《けいだい》で戊辰戦争殉難者五十年祭が盛大に執り行われたのだ。なぜ九月八日に五十年祭が行われたのかといえば、薩長藩閥の明治新政府が慶応四年九月八日を明治元年としたからである。あえてこの、賊藩とされた人々にとって屈辱の日を選んだ点に原の強烈なメッセージが込められている。賊藩の汚名を返上するのに、この日が一番ふさわしいと原が感じていたからに相違ない。

当初五十年祭を挙行しようと奔走する旧盛岡藩士がいたが、なかなか軌道に乗らなかった。原はそのこともあり、盛岡市長や助役に斡旋《あっせん》を依頼、費用として百円を寄付したところ、それが呼び水となり多くの賛同者から寄付が集まり始めた。当日は発起人以外からも多くの弔文や祭文が読み上げられた。

盛岡藩が薩摩・長州を主軸とする新政府軍の近代兵器の前に敗退し、「最後の賊藩」として降伏したのは明治元年九月二十五日のことで、九月八日は慶応から明治へと年号が変更された日だ。

この日弔《とむら》われたのは、盛岡藩家老としてその責任を一身に背負い、報恩寺で切腹した楢山佐渡を筆頭とする武士たちである。

楢山佐渡が切腹した日、原は十二歳だった。家老だった祖父直記と佐渡が親しかったので、原は幼い頃佐渡に抱かれたことがあった。佐渡が処刑されたその日、原は涙を流しながら、報恩寺の周りを歩いたといわれている。その日から半世紀が経ち、ついにその屈辱を晴らす日がやってきた。

原は一月前の八月七日盛岡に帰り、姉の三十三回忌法要、盆の墓参り、園遊会などをしながら、入念な準備を重ねてきた。八月二十八日の『原敬日記』では、大略「維新の際に死亡した者の供養に有志がこれまで祭典を営んでいた。だが継続が困難になり、近年は南部家が報恩寺で毎年法事を行ってきた。今年はちょうど五十年祭に当たり、各藩でもそれぞれ法事を営むという。先日東京で青木正興に、帰県してからは照井正名などからそのことを相談されたが、現在の士族のみだけで行われるべきものではないために、盛岡市助役の関定孝を招いて相談し、計画を進めることにした。当時はだれも皇室に弓を引く考えはなく、真の勤王だといって奥羽同盟を結んだものだ。今日その祭典を営むことは彼等の霊を慰めるのみならず、徳を以て教え導くことにもなる」と記されている。

薩摩・長州の藩閥政府の中に食い込み、もはや総理大臣の地位を手中に収めることが確実と思ったとき、原は自身の「復讐」が終わりに近付いたと思ったに違いない。その思いはもりおか歴史文化館の前に建てられている次の祭文からも読み取ることができる。

同志相謀り旧南部藩士戊辰戦争殉難者五十年祭本日を以て挙行せらる、顧るに昔日も亦今日の如く国民誰か朝廷に弓を引く者あらんや、戊辰戦役は政見の異同のみ、当時勝てば官軍負くれば賊との俗謡あり、其真相を語るものなり、今や国民聖明の沢に浴し此事実天下に明かなり、諸氏以て瞑すべし、余偶々郷に在り此祭典に列するの栄を荷ふ、乃ち赤誠を披露して諸氏の霊に告ぐ

大正六年九月八日

旧藩の一人　原　敬

原敬は盛岡（南部）藩の出身者としての意識を生涯持ち続けた人だった。賊藩の出身という出自は原の原点であり、原動力でもあった。戊辰戦争の汚名を晴らす機会を得た原は、感慨深かったに違いない。「戊辰戦役は政見の異同のみ」という箇所に、原の気概を感じ取れる。

旧盛岡藩の人々にとって、この日は戊辰戦争と明治維新という屈辱から解放された記念すべき日だった、といえるかもしれない。

翌大正七（一九一八）年九月二十七日に組閣の大命が降下し、九月二十九日、原敬は第十九代内閣総理大臣に就任した。東北出身者としては初めての内閣総理大臣である。それまでは薩摩、長州の出身者、それに貴族である西園寺公望が就任してきた。総理大臣は原が十人目だが、鹿児島、山口、京都以外の出身者は初めてである。藩閥政治は終焉を迎え、原が求めた本格的な政党内閣が成立した。

原敬が内閣総理大臣に就任した大正七年九月の『岩手日報』には、「一山百文東北から二人の大臣が出た、而《し》かもその首相が盛岡出身の原敬である」（もう一人は宮城県出身の高橋是清《たかはしこれきよ》）、「一山百文の東北より、総理大臣を出したる事は、大《おお》いに東北の為に気を吐くに足る」と書いた。東北を一山いくらと見下す視線を地元紙が意識していたことがうかがわれる（河西英通『続・東北――異境と原境のあいだ』）。

『原敬日記』（大正七年九月二十七日）によると、当日十時半に参内拝謁した折に、原に内閣を組閣するよう大命が下ったが、閣僚の銓衡《せんこう》のため数日の猶予を願い出て、退出した。

当時の総理大臣の選出方法は現代と大きく異なり、まず元老の会議で候補者を決めて天皇に推薦し、天皇が推薦した人に組閣の命令が下されるのである。

前年（一九一七）にロシア革命が起き、アメリカから共同出兵の要請が来た。寺内正毅内閣はシベリアへの出兵を促進したが、米価が高騰した結果米騒動が起き、労働者のストライキが頻発した。寺内正毅内閣は資金をつぎ込んで米価の安定を図るとともに、軍隊を出動して秩序の回復に努めたが、八月末総辞職に追い込まれた。

政界随一の実力者、長州出身の山縣有朋は後継者の人選に苦慮したあげく、西園寺公望を奏請《そうせい》した。九月二十一日、寺内首相が正式に辞意を奉呈し西園寺に組閣の大命が下された。だが、西園寺は大命を固辞し、原敬を推薦した。政党内閣を望まない山縣も、この時局を収拾する人材は原以外にないと認めざるを得なかった。原は政界第一の実力者・山縣有朋に根気よく接近し、ついには自身の実力を認めさせたのである。原は自らは奏請せず、西園寺から奏請させる形式を採った。

九月二十五日、西園寺が参内して正式に大命を拝辞し、原敬を奏請した。こうして、九月二十七日、組閣の大命が原敬に下りたのである。

原内閣が成立した時、無爵平民の総理大臣ということで、平民宰相という新語が生まれ、平民という言葉がにわかに流行語となった。簡易食堂が平民食堂に名称が変わって、あちこちに出現するようになった。

司法大臣を原は兼ねた。十三人の官僚のうち、外務大臣、陸軍大臣、海軍大臣以外の大臣はすべて与党である政友会から任命されている。初めての本格的な政党内閣であった。原敬内閣は、明治以来の藩閥政府の方針を大きく転換する布陣だったのである。

原敬内閣の特色は、外交を重視した点である。外務大臣に長年の友人である内田康哉《うちだこうさい》を起用、駐米大使は石井菊次郎から翌年には幣原喜重郎《しではらきじゅうろう》、一等書記官は盛岡出身の出淵勝次《でぶちかつじ》、中華公使は外務省政策局長で中国通の小幡酉吉《おばたゆうきち》を起用した。アメリカとの関係を重視し、中国との関係改善を目指した人事である。

原敬が前例がない爵位を持たない総理大臣だったことも注目を集めた要因だった。それまでの総理大臣は伊藤博文（公爵）から始まり、全員爵位を受けていた。だが、原は爵位を固辞し続けたので、平民宰相と呼ばれ、原敬の組織した内閣は「平民内閣」と呼ばれた。

もっとも、田中惣五郎は『日本官僚政治史』で、「平民内閣」という呼称に疑義を唱えている。宰相原敬はなるほど華族でもなく、貴族院にも籍をおかない。しかし、かれは正三位勲一等の位階ををもち外務省通商局長・朝鮮公使・外務次官等を経た官僚であり、この経歴と手腕とが伊藤博文の政友会創立にあたって総務たらしめたのである。そう書くのである。松本清張は、この指摘は正しいとしている（松本清張『史観宰相論』）。

華族制度

一九四七年五月三日の日本国憲法公布により廃止されるが、それ以前の日本には華族制度、爵位制度があった。

華族制度は明治二（一八六九）年六月十七日、太政官達（布告）により江戸時代に用いられた公卿、諸侯（大名ら）の名称が廃止、改めて「華族」が制度化された。この日は薩摩や長州の版籍奉還が認められた日であり、かつての大名たちは領土や領民を奉還し、藩知事になった。その後、序列がなくては不自然ということで、明治十七（一八八四）年七月七日、「華族授爵ノ詔勅」が発布された。一等の公爵から始まり、侯爵、伯爵、子爵、五等の男爵までが定められた。

ちなみに、日本の爵位制度は中国から導入したものだ。古代中国で、爵位は諸侯や家臣に対し世襲的な身分を与える制度だった。周の時代の「封建制度」では、天子は土地と領民を与えた諸侯を「公・侯・伯・子・男」の五ランクに分類したという。この五種類の爵位は、戦国時代から秦漢時代に編纂《へんさん》されたと推測されている『礼記』などに記されている（阿辻哲次『漢字の字源』）。

旧公卿や旧大名の家格に応じ、また明治維新後国家に偉勲のある者が対象となった。伊藤博文などが功労を認められ華族になったのは、このときのことだ。

旧盛岡藩主である南部家には、伯爵が叙勲されている。岩手県関係者では後藤新平が伯爵、斎藤実が子爵となっている。

華族になると、多額の公債証書が下賜された。たとえば、公爵と侯爵が三十歳になると、終身の貴族院議員となり、かなり高い歳費をもらえるなどという特権があった。

原敬は元々家老の孫として生まれているが、明治八年に分家した際、士族から「商」と登記して、平民となっている。家老の家柄で石高は約二五〇石あり、家格は藩主一族に次ぐ高知衆であった。高い身分に生まれたという意識はあったはずだが、逆にその意識が平民へのこだわりとなったのかもしれない。その思いは出世しても変わらなかった。

号は「一山」

『本懐・宰相原敬』の著者木村幸治によれば、原は生前に四度爵位を固辞している。死後は妻浅が「主人の遺志」として、爵位を固辞した。

最初に爵位の話があったのは、大正二（一九一三）年、第一次山本権兵衛内閣の内務大臣のときである。大正天皇即位の大礼使長官を務めたが、引き受ける際もし授爵の話が出たら絶対に阻止するようにと山本にいい、内諾を得ていた。

大正三年、大隈重信内閣の下で大正天皇の即位式が行われた。式典を機に叙爵が行われることになったが、原は情報を事前に聞きつけ、話を未然に防いだ。

大正六年六月、寺内正毅内閣のとき、原は臨時外交調査委員会委員として活躍し、寺内が叙爵の動きに出たが、これも事前に察知して防止した。

さらに、総理大臣のとき。大正九（一九二〇）年九月、第一次世界大戦が終わり、講和になった際、中村宮相が叙勲名簿の決裁文書を原に持参し、「総理の名前が見えない。書き忘れです。すぐ書き入れます」と記入しようとしたが、原は「やめてくれ」といって叙勲を逃れた。

原は俳句をよくしたが、号をあえて「一山」とした。これは、薩摩・長州の権力者が「白河以北一山百文」と東北地方を蔑《さげす》んだことに由来しているという説があるが、実証されていない。とはいえ、原敬の号「一山」は低い身分に生まれながら成り上がり、栄爵に飛びついた藩閥政府の人々に対する反骨の表れといえる。

あるいは、原の胸には絶えず、戊辰戦争の責任を一身に背負い切腹した楢山佐渡の面影がちらついていたのかもしれない。佐渡の無念を自分が晴らさないといけない。そう思いこんだ原は、平民にこだわることで、明治新政府、藩閥政府にノーといったと推測される。

なお、原敬の養子である奎一郎は原が爵位を固辞した理由として、①爵位を貰えば衆議院から足を洗わないといけないから、衆議院に留まるため、②爵位を貰うと子孫が体面を維持するために苦労する、③爵位は当代の元老たちの選考に決まるが、そのことがありがたくない——という三点をあげている（原奎一郎『ふだん着の原敬』）。

原敬記念館にある句碑。「わけ入りし霞の奥も霞かな」

原敬の四大政策

大正八（一九一九）年一月二十二日の第四十一回帝国議会の施政方針演説で、原は①教育施設の改善充実②交通通信機関の整備③国防の充実④産業及び通商貿易の振興——の基本政策を述べている。外交ではアメリカ・イギリスとの協調を図りながら、国際連盟を中心に平和外交を進め、隣国である中国、朝鮮とも親密な関係を築こうと努めた。

まず、「教育施設の改善充実」に関してだが、原は第四十一議会で「高等教育機関はいかにも不足しており大学、高等学校、実業学校、各種専門学校に入ろうとしても毎年数万人がその道をふさがれている」と答弁しており、進学も望む者への門戸を広げた。大学令を公布し、従来の官立学校のほかに公立、私立、単科を認め、単科大学の設置も可能にした。また、高等学校令を公布し、高等学校においても公立、私立の設置を認めたのである。

「交通通信機関の整備」に関しては、第四十一回帝国議会で、鉄道建設改良費を増額すること、新たに七線の鉄道及び軽便鉄道を建設すること、神戸港や門司港港湾改良費や電信線架設費などの予算が認められた。自動車取締令、地方鉄道法、道路法が公布され、鉄道や道路の整備・充実が図られた。

岩手県の鉄道で見ると、原内閣の時代に花輪《はなわ》線、大船渡線、山田線が着工、岩手県外では陸羽西線、熱海線、上越南線が原敬内閣の時代に開業するなど鉄道の整備が全国で推進されている。原は内閣総理大臣に就任する前から、鉄道の整備に熱心に取り組んできた。明治四十一（一九〇八）年、内務大臣兼逓信大臣（鉄道を管轄）のときには、三陸縦貫鉄道建設の請願が国会で採決されている。その三年後、内務大臣兼鉄道員総裁に就任してからは岩手軽便鉄道の建設を許可している。岩手軽便鉄道は現在の釜石線の前身で、宮沢賢治の名作「銀河鉄道の夜」のモデルとされている。

「国防の充実」に関しては、陸軍が師団の増設、海軍が八八艦隊の編成を目指す軍備拡張計画を以前から立てていたが、原内閣では国家財政上海軍拡張を優先している。

「産業及び通商貿易の振興」では、鉄鋼業では八幡製鉄所の第二期工事の推進、造船業での造船材料の輸入税免除など、農業関係では食糧増産のための農地開墾の奨励や農産物の品種改良や畜産への助成などの政策を行った。

新渡戸稲造の「平民道」と原敬

原敬が内閣総理大臣に就任したのは、大正デモクラシーの時代である。デモクラシーの訳語として「民主主義」が定着するのは第二次世界大戦後のことで、当時は吉野作造が唱えた民本主義、ほかに平民主義とも呼ばれた。

この頃新渡戸稲造がデモクラシーの訳語として唱えたのが「平民道」で、このことばは「平民宰相」原敬を意識して用いられたと推測される。稲造は原と直接会う機会は少なかったが、同郷人である原の活躍には注目していたのである。

大正デモクラシーの潮流に乗り、稲造は『実業之日本』に盛んに原稿を執筆している。一九一九年一月一日「デモクラシーの根抵的意義」、二月一日「デモクラシーの要素」、三月五日「デモクラシーの主張する平等論」、五月一日「平民道」と矢継ぎ早に論文を発表している。原が総理大臣になったのはその矢先のことで、稲造は叔父の太田時敏とも関係が深かった原に注目していたに違いない。

原内閣で朝鮮総督府政務総監を務めた水野錬太郎《みずのれんたろう》は、原が爵位を拒んだから「平民宰相」と呼ばれたのではなく、「平民道」を推進したからそう呼ばれたのだ、と証言している。自由と平等を求めた大正デモクラシーの潮流に乗って内閣総理大臣に就任した原に、稲造自らの理想を託すに価する人と思えたと推測される。

民主主義を支えるのは平民であると稲造は考えていた、かつて『武士道』を学問的著作ではなく、一般向けに書いたのと同様に、稲造は「平民道」を一般の読者向けに説いた。頻繁に新聞や雑誌でわかりやすい文章を書くことは稲造にとって、重要な仕事だった。

なお、原が内閣総理大臣に就任した大正七（一九一八）年四月三十日、稲造は開校した東京女子大学の初代学長に就任している。専門学校令下の女子大学として東京女子大学は開校した。同年十二月六日施行の新大学令により公私立の大学の設置が認められ、かねて日本に女子高等教育機関を設置しようと企てていたアメリカとカナダのプロテスタント系の人々と日本側の有志とにより創設されたのが、東京女子大である。原は重要施策の一つとして高等教育機関の充実を掲げたが、東京女子大学はその恩恵に与ったといえる。

国勢調査を初めて実施

日本で第一回国勢調査が行われたのは、大正九（一九二〇）年十月一日のことで、原敬内閣の時代である。

国勢調査の目的は、国家の実情を明らかにするための統計的資料を得ることだった。人口調査を基本として、産業調査、住宅調査などの各種調査が行われ、調査結果は国政に生かされた。

原はパリ公使館書記官時代の明治十九（一八八六）年、フランスで国勢調査が行われていることを見聞した。日本が文明国の仲間入りをするためには、国勢調査が必要だと原は思い、実行に移したのである。国勢調査を日本に根付かせた点も原敬の業績の一つといってよいだろう。

第七章　国際連盟をめぐって

第一節　原敬と国際連盟

シベリアからの撤兵

原敬は、寺内正毅内閣が行ったシベリア出兵に反対だった。総理大臣に就任してすぐ、撤兵に向けた動きをしている。

大正七（一九一八）年十月十一日、まず田中義一陸相がシベリアに増兵せずと言明している。十月二十二日に開催された外交調査委員会ではイギリスから西部シベリアへの出兵の要請があったが、東部シベリア以外に出ることはできないと明言した。

寺内内閣時代に発足した外交調査委員会は、原敬内閣になってからも積極的に開催された。寺内内閣では原は委員に任命され、国務大臣と同等の待遇を受けた。後藤新平の任命である。原敬内閣では、原が後藤を委員に任命している。受けた恩を返したのだろうか。原敬と後藤新平が協調して政治に当たろうとしていたことが推測される。

日曜日にも原は外交調査委員会を開催している。同年十二月二十二日の『原敬日記』に、こんな記載がある。

日曜日なるも外交調査会を官邸で開らき、講和委員に送附すべき訓令案及び其附属書にて伊東巳代治調査の分を協議決定したり。同時に海相より西伯利減兵の件及び浦塩付近の捕獲小船を還附の事を報告し（陸相に代りて）一同異議なく、寺内も出席したるが全然賛成を表せり。

このとき開催された外交調査委員会では、シベリアからの撤兵を全員賛成で可決している。十二月二十七日、帝国議会の開院式後に閣議を開き、シベリアから三万四千人余り撤兵することを決定している。

さらに、大正九年三月二日には、西シベリア守備隊を漸次引き揚げることを決定している。陸軍を刺激しないように少しずつ、シベリアから撤兵していったのである。完全にシベリアから撤兵したのは大正十一年十月二十五日のことで、そのとき原はこの世の人ではなかった。

パリ講和会議

原敬内閣が発足したのは、第一次世界大戦末期である。

大正七（一九一八）年十一月十一日、ドイツ、オーストリアが無条件降伏し、日本を含む連合国側が勝利した。

翌年一月十八日、パリのベルサイユ宮殿で講和会議が開催された。その際、三十三カ国が参加して、第一回総会が開催された。イギリス、アメリカ、フランス、イタリアと日本が五大国として会議運営の中心となった。

イギリスはロイド・ジョージ首相、フランスはクレマンソー首相、イタリアはオルランド首相、アメリカはウッドロー・ウィルソン大統領が出席した。ウィルソンは新渡戸稲造とジョンズ・ホプキンス大学で一緒に学んだ仲間である。

ウィルソンは牧師の子として生まれたが、ジョンズ・ホプキンス大学卒業後にプリンストン大学総長を経て、ニュージャージー州の知事を務めた後、大統領にまで昇りつめたのだった。

日本はこの会議に主席全権として西園寺公望元首相、委員として牧野伸顕元外相、珍田捨巳《ちんだすてみ》駐英大使、松井慶四郎駐仏大使、伊集院彦吉駐伊大使を送りこんだ。

とはいえ、西園寺公望は病弱で、実質的には牧野伸顕が主席を務めた。原は牧野に絶対的な信頼を置いていた。牧野は、新渡戸稲造とも親しい間柄にあった。

日本は山東省の旧ドイツ権益を日本が継続するとともに、人種差別禁止の規約を国際連盟規約中に盛り込むことを会議で要求した。

人種差別禁止を提案

原敬内閣は、人種差別を禁止する「人種平等条項」の提案をした。明治三十九（一九〇六）年、日本とアメリカとの間で、カリフォルニアでの移民排斥問題がもち上がっていた。原敬や新渡戸稲造もアメリカでの人種差別を体験しており、日本人にとっては切実な問題だった。

国際連盟委員会で、この問題に対する検討がなされた。

二月十三日に開催された第一回会議で、牧野伸顕全権委員は、国際連盟案第二十一条の宗教の自由の規定に「各国民均等の主義は国際連盟の基本的綱領なるにより、締結国はなるべくすみやかに連盟員たる国家における一切の外国人に対し、如何なる点に付いても均等公正の待遇を与え、人種或いは国籍如何により法律上或いは事実何等差別を設けざることを約す」という一節を加えることを主張した。

討議の後採決になり、日本、ブラジル、ルーマニア、チェコスロバキアなどは賛成した。だが、イギリス、ギリシャ、ベルギー、フランス、オーストリア、アメリカが反対し、反対多数で日本が示した「人種平等条項」案は否決された。

牧野伸顕と珍田捨巳は各国を説得し、再び提案したが、結果として可決には至らなかった。

大正八（一九一九）年三月三十日の『原敬日記』は、この件に触れている。

外交調査会を官邸に開らき人種無差別問題に付協議し、我提議を条文に入る、か記録に残すか其辺の事を主張し尚ほ不可なる時は請訓すべしと申送りたり。此案は到底我提案通り可決を見るの見込なきも、之が為めに国際連盟を脱退する程の問題にも非らず、結果行はざるも、現状より不良となるにもあらざるに付体面を保つ事を云ふ事は伊東を始め皆な同感なり。

自分の提案が可決する見込みはないが、このことで国際連盟を脱退するほどのことでもない、体面が保たれればよいと書かれている。パリ講和会議の後、国際連盟が正式に発足していた。

内田康哉《うちだこうさい》内相はパリ大使館にいる石井菊次郎大使宛てに電報を打った。

原敬記念館に残されている訓令には、「国際連盟並びに締結国の基本的な原理における国々の平等とは、連盟に加入していない諸国にも可能な限り早急に法的にも又事実としても人種による、そして国による一切の差別ない尊敬の念を持って接し、協調していくことに同意することの要旨を必ず入れて演説する事」とある。

石井菊次郎は一九二〇年十一月三十日、国際連盟総会第一回パリ会議でこの訓令に沿った演説をし、「今後適当なる機会の到来する迄隠忍これを俟たんと欲す」と結んだ。

第二次世界大戦後に国際連合が設立したが、国際連合憲章第一章第一条に、原敬内閣が提案した人種差別禁止が明文化された。

第二節　新渡戸稲造と国際連盟

稲造が国際連盟事務次長に

東京帝国大学法科大学で植民政策を講じていた稲造だが、佐藤昌介の紹介で東京女子大学初代校長に就任した。大正七（一九一八）年のことだ。

だが、この仕事は一年で終わった。国際連盟事務次長に就任したからである。

第一次世界大戦が終わり、戦勝国の代表がパリに集まり、講和会議が開かれたことはすでに紹介した。

当時、アメリカ大統領を務めていたウッドロー・ウィルソンの提唱により、国際連盟が設立した（設置決定は一九一九年四月二十八日）。

同年六月二十八日、フランスのベルサイユで連合国とドイツとの間で平和条約が締結された。ベルサイユ条約だが、その第一編に掲げられたのが国際連盟規約である。世界的な安全保障機構として、国際連盟は大きな期待を集めた。国際連盟には、以後の戦争を回避しようとする願いが込められていたからである。

国際連盟の委員として、日本からは牧野伸顕と珍田捨巳が出席していた。牧野はかつて、稲造を一高校長に推薦した人物だ。

国際連盟を機能させるために事務局が設置されることになり、最初の総長としてイギリスのドラモンド卿が任命された。

第一次世界大戦でイギリスと同盟関係にあった日本が戦勝国の一員として常任理事国入りを果たした結果、日本から事務次長を出すことになった。そのことを依頼された牧野は、稲造を推薦したが、その決定にはこんないきさつがあった。

後藤新平は寺内内閣で内務大臣、外務大臣を務めたが、原内閣が成立すると野に下った。大正八年三月、後藤は新渡戸稲造、稲造夫人のメリー、田島道治《たじまみちじ》らを伴って欧米視察に出かけた。

一行は四月、五月はアメリカに滞在した後、ベルサイユ条約調印（大正八年六月二十八日）直後の六月三十日、パリに乗り込んできたのだった。

牧野伸顕は懇意の後藤新平や稲造と再会した。稲造の姿を見た牧野は、国際連盟事務次長にふさわしいと直感した。もちろん、牧野は新渡戸と原が同じ岩手の出身であり、信頼関係が築かれていることを承知しており、その上での新渡戸の推薦だった。

稲造は当初、なかなか承諾しなかったが、後藤が勧めるので、ついに承諾した。後藤は稲造を勅選貴族院議員とすることを条件に、牧野伸顕、駐英大使珍田捨巳らに稲造の国際連盟事務次長就任を承認させた。稲造の国際連盟事務次長就任を決定したのは原敬である。稲造が貴族院議員となるのは第一次若槻礼次郎内閣（大正十五年一月三十日〜同二年四月二十日）の時である。

さらにいえば、原敬内閣で当時内務大臣を務めていた内田康哉も稲造と縁がある人だった。内田の夫人政子は結婚する前は土倉政子といい、稲造とメリーのフィラデルフィアでの結婚式に出席しており、以後も稲造夫妻との交流は続いていた。

稲造はこの仕事に精魂を傾けた。すでに紹介した通り、国際連盟を提唱したウッドロー・ウィルソンは稲造にとって、ジョンズ・ホプキンス大学の学友だった。とはいえ、アメリカ議会がベルサイユ条約を批准しなかったため、アメリカは国際連盟に加盟せず、ウィルソンは失意の日々を送った。稲造はそのこともあり、ウィルソンの理想実現に奮闘した。事務総長ドラモンドの代理として国際連盟に対する理解を求めてヨーロッパ各地を講演して歩いたほか、現在のユネスコの基礎となる国際知的協力委員会を発足させた。その委員会には理論物理学者のアインシュタイン、哲学者のベルグソン、物理学者のマリー・キューリーなどヨーロッパを代表する知識人が集まり、文化・科学における国際交流が促進された。

後藤らは視察を終えた後に帰国したが、稲造夫妻は臨時国連事務局が置かれたロンドンに滞在した。

大正九（一九二〇）年五月、事務局が移転するのに伴い、稲造はスイスのジュネーブに赴任した。

国際連盟の良心

国際連盟では、それぞれの国が国益を主張した。稲造の仕事はその動きを調整することだった。稲造の働きにより、日本の国際的な評価は高まった。

稲造は国際連盟を象徴する存在となった。ドラモンド卿は、「演説に巧みであるばかりでなく、聴講者に深い感動を与える」と稲造を高く評価した。抜群の英語力が役立ったのである。

一九二〇（大正九）年一月に発足した国際連盟には、五十六か国が加盟した。だが、提唱者であるウッドロー・ウィルソンのアメリカが加盟していないなど、限界が当初からあった。本部が置かれたジュネーブには、四十カ国五百数十人が事務局員として働いていた。

その中で、稲造の存在は際立っていた。一九〇〇年に英文で出版した『武士道』が世界的なベストセラーになったため、知名度が抜群である。その上、キリスト教徒としては寛容なフレンド派の信者で、夫人はアメリカ人。英語が堪能で、優しい語り口は人々をひきつけた。ドラモンド

岩手城跡公園にある、新渡戸稲造生誕百年の記念碑

「願はくはわれ　太平洋の橋　とならん」

事務局長は国際連盟に講師の依頼があったとき、稲造を頼みにすることが多かったという。稲造を「国際連盟の良心」と呼ぶ人もいた。

原敬と柳田國男

国際連盟事務次長となった稲造は、国際連盟の委任統治委員会委員として柳田國男を誘った。ふたりは、すでに紹介したように「郷土会」を通して深く結び付いていた。東京帝国大学などで植民政策を教えた稲造にとって、植民地政策は国際連盟での最重要課題と思われたと推測される。ウィルソンの提唱した民族自決主義が反映され、国際連盟では植民地の委任統治制度が創設されていた。委任統治制度が、西洋列強による世界の植民地支配の歴史を大きく転換する経緯となりうると考えた稲造は、自身と考えの近い柳田を委任統治委員会委員に送り込んだのだ（佐谷眞木人『民俗学・台湾・国際連盟』）。

国際連盟でのふたりの活動に触れる前に、原敬と柳田國男の関係に触れておく。原との関係が、柳田の生き方に微妙に影響を与えたからだ。

大正八（一九一九）年十二月二十三日の『原敬日記』に次の記載がある。

貴族院書記官長柳田國男は兼て徳川議長と不和にて、其間には徳川の私行に関し種々の事情も之ありて柳田は頑として反抗の由にて、徳川の旧臣岡野敬次郎等も心配し又徳川頼倫、同達孝（共に兄弟）より切なる依頼もあり、横田法制局長官をして尽力せしめ其結果去二十一日柳田は余に辞意を申出、次で辞表を出し後任には同院書記官河井弥八を推挙せしに因り本日河井を招き其後任たらん事を申通し承諾に付本日更迭を決行したり。

文中徳川議長とあるのは、徳川宗家を継いだ徳川家達である。世が世なら徳川十六代将軍となっていて、十六代様と呼ばれていた。テレビドラマにもった天璋院篤姫《てんしょういんあつひめ》が親身になって家達を育てた。明治十六（一八八三）年、篤姫の希望通り、近衛忠房の長女泰子と結婚している。その後、家達は貴族院議員を経て貴族院議長に就任した。貴族院をまとめる仕事だったが、貴族院書記官長をしていた柳田國男とそりが合わず、ことごとく反目した。

柳田は政友会会員で、原は将来を期待して目をかけていた。だが、家達のわがままに柳田は正論を主張、衝突を繰り返した。

家達側から、原に相談が持ち込まれた。やむなく、原は家達の申し入れを優先し、柳田を罷免することにしたのである。大正八年十二月、柳田は貴族院書記官長を辞任した。

原には、盛岡藩家老の孫という意識が残っていたに違いない。盛岡藩は奥羽越列藩同盟の一員として徳川幕府側に立って戦い、敗れた。そういう出自の原には、徳川家達の要求は拒めなかったのだろう。

一方、原に辞表を提出した柳田は、一時原を恨んだかもしれない。

だが、原は柳田に東京朝日新聞を世話している（木村幸治『本懐・宰相原敬』）。柳田は翌大正九年八月、東京朝日新聞の客員になった。柳田にとって、むしろ運命が好転したのではないか。入社に際し、柳田は最低三年間は自由に国内外を旅行させてほしいと希望を述べた。東京朝日新聞社客員となった柳田は、早速、三陸海岸を南から北へと踏破する旅に出ている。柳田は東京朝日新聞の「豆手帳から」というコラムに旅の印象を綴った。その印象記は、後に『雪国の春』に収められた。

柳田國男とラムステット

稲造と柳田は、一八九七年（明治三十）にポーランドの眼科医ザメンホフが発表した人工国際語エスペラントを介しても接点があった。

そのことに触れる前に、柳田國男とエスペラントに関し紹介する。キーパースンはグスタフ・ラムステットである。

ラムステットは一九二〇（大正九）年二月十二日、フィンランドの初代駐日公使として来日した。一八七三年生まれ。アルタイ言語学を専門とする言語学者で、熱心なエスペランチストだった。

フィンランドは、第一次世界大戦後にロシアから独立した新興国家だった。一九一七年ロシア革命が勃発し、十月革命を経てソビエト政権が樹立された。フィンランドは十二月六日に独立を宣言、ソビエト政権は十二月十八日に独立を承認した。

フィンランドにとって、日本は外交上重要な国だった。一九一九年五月二十三日、フィンランドの独立を承認していたからだ。原敬内閣のときである。それまでヘルシンキ大学でアルタイ言語学を講じていたラムステットだったが、ストールベルイ大統領の要請があり、初代公使として日本へやって来た。

ラムステット公使は着任まもなく、内田康哉外相にヘルシンキに日本公使館を設けてほしいと要望したが、断られた。首相主催の春の園遊会が開かれた際、原敬と顔を合わせたラムステットは、原にそのことを直訴した。原の決断により、この要望はかなえられた。

ヘルシンキに日本公使館が開設されて以来、ヘルシンキ—東京—ジュネーブ間の情報が早く、円滑になった。当時国際連盟の日本代表は目賀田種太郎《めかだたねたろう》で、目賀田代表の秘書は稲造が東大入試に臨んだ際に諮問官だった外山正一教授の子息外山喜一だった。結果的に稲造に情報が集まる仕組みが構築されていたようだ。（内川永一朗「バルト海から未来を照らす光明—新渡戸精神」、『新渡戸稲造研究』第14号所収）。原は内閣総理大臣として稲造の国際連盟での仕事をサポートしていたのである。

なお、語学の才能があったラムステットはマルセイユで伊予丸というフェリーに乗り込んだが、途中ロンドンで購入した書籍と日本人乗客の協力で日本語学習に取り組み、日本に到着した頃には流暢に日本語を話すことができた。やがて、通訳なしに日本で生活できるようになった。

ちなみに、大正十五年（一九二六）年十二月二日、宮沢賢治は七度目の上京の際、ラムステットの講演を聞いた後、話をしている。エスペラントに大きな関心を寄せた賢治は、ラムステットから「やはり著述はエスペラントによるのが一番だ」といわれ、エスペラントの独習を続けた。エスペラントをもじったイーハトーブという言葉は、岩手を象徴する言葉として今も生き続けている。

ラムステットは東京帝国大学白鳥庫吉《しらとりくらきち》教授の紹介で、同大学でアルタイ言語学、民俗学、方言などに関し招待講演を行ったが、その聴講生に柳田國男がいた。

柳田は元々民俗学や言語学に大きな関心を抱いていたが、ラムステットの講演を聞いてエスペラントにも関心を持ち学習を開始し、日本エスペラント学会に入会し、理事として活躍した。国際連盟の仕事でスイスのジュネーブに住むことになった柳田は、地元のエスペランチストと積極的に交流し、『遠野物語』を通して知り合った佐々木喜善にエスペラントを学習するよう勧める手紙を出している。

なお、ラムステットは大正十三（一九二四）年十二月、国際連盟の仕事をしていた稲造が一時帰国した際、東京小日向台町の新渡戸邸でのディナーパーティーに招かれている。

オーランド諸島の帰属問題

フィンランドが独立したことは紹介したが、オーランド諸島の帰属問題が残っていた。オーランド諸島はフィンランドの首都ヘルシンキ、スウェーデンの首都ストックホルムを結ぶバルト海上にある。その帰属が決まらず、国際連盟の裁定を仰ぐことになった。

国際連盟理事会は一九二一年六月二十四日、オーランド諸島をフィンランド領とすること、同島に自治を認め、スウェーデン語を公用語とし固有の文化を保障すること、同島を非武装、中立地帯とすることを決議した。

その調停に当たったのが稲造で、委任統治委員会委員の柳田國男も協力して実務に当たった。稲造は各方面から同意を取り付けたのだ。

一方、駐日公使ラムステットは、首相原敬主催の園遊会で原に会い、オーランド諸島の帰属問題を解決してくれるよう求めていた。原はその主張が通るよう、国際連盟に働きかけた。もちろん、稲造は首相である原の意向に沿って動いている。いわば、オーランド諸島問題は稲造と原の共同戦線で解決したのである。

世界エスペラント大会で講演

一九二一（大正十）年七月末から八月六日にかけ、チェコのプラハで第十三回世界エスペラント大会が開催された。このとき、稲造が国際連盟代表として出席している。

すでに稲造は、親しくしていた柳田國男からエスペラントについて聞いていた。さらに、国際連盟事務局には、熱心なエスペランチストである藤沢親雄《ちかお》がいた。藤沢は日本エスペラント学会の使命を帯びて、稲造に接近した。エスペラントに関心を持ってもらうよう働きかけたのだ。エスペラントの普及を促進しようという意図があった。

その試みは成功した。稲造は、プラハでの世界大会に参加後、国際連盟に提出した報告書（エスペラントと国際連盟における言語問題）で次のように書いている。

私は労働者階級を別の人種として語るのは好まないけれど、裕福で教養のある人は、共通語がなくても読める。しかし、自分が見てきたものは普通の庶民同士がお互い同じ言語で話している姿だった。エスペラントは国際的民主主義と強固な連帯をつくる原動力となりうる言語だ。だから、大衆のこのような利益のことを考慮したほうが、個性的且つ好意ある精神というものではないだろうか。

稲造は、インテリではない普通の人々がエスペラントを話している姿に心打たれたのである。報告者の中で稲造は言語民主主義の観点から、国際補助言語の必要性について国際会議、通商、科学などの例をあげて述べている。報告書の中で稲造は、連盟のように、英語とフランス語だけに国際語の資格を与えることは、世界の各言語がもつ権利を損なうおそれはありはしないかという問いかけを行っているのである（佐藤全弘「新渡戸稲造の平和」）。

エスペラントの擁護者

稲造が国際連盟に提出した報告者がきっかけとなり、国際連盟では「国際語」について真剣に討議されるようになった。「母国語の違う者が通訳を介さないで国際交流をするために、すべての国の子供たちに、母国語のほかにもう一つ学びやすいことばを学校で勉強させよう。それにはエスペラントがよいのではないか」という議論が湧き起こったのだ。

この問題に対し、日本、中国、インド、アルバニア、チェコなどが賛成したが、フランスが強硬に反対し、教育現場にエスペラントを採用しようというこの案は否決された、稲造はこの際に、「エスペラントは国際民主主義の原動力である」としてエスペラントを支持する発言をしている。

当時すでに英語やフランス語が隆盛になり、弱小国が不利な状況が生じていた。稲造はそのことを十分に認識していた。だからこそ、弱小国も平等に発言できる共通語であるエスペラントが普及すれば、国同士の理解が進むと考えたのである。

稲造は自身エスペランチストにはならなかったが、エスペラントの擁護者であり続けた。

国際連盟で稲造がエスペラントを擁護する発言をした頃、日本では当時を代表する総合雑誌である『改造』がエスペラント特集号を出した（大正十一年八月号）。この号にはすでに紹介したラムステット、秋田雨雀、黒板勝美《くろいたかつみ》などが寄稿している。次の号からは小坂狷二《おさかけんじ》によるエスペラント講座の連載が始まり、同年十二月号まで続いた。

その結果、日本ではこの時期、エスペラントを学ぶ人が増大した。宮沢賢治もそのひとりで、賢治は『改造』を買って読み、エスペラントを独習している。

エスペラントは一八八七年、ポーランドの眼科医でユダヤ人のザメンホフが発表した人工国際語である。ザメンホフが生まれたポーランドはロシアに支配されており、ロシア語が強要されていた。当時ポーランドにはドイツ人、イタリア人、ユーゴスラビア人などもいたが、言語が違うためいざこざが絶えなかった。そうした現実に心を痛めたザメンホフは、言葉の違いが民族間の不和を招いていると認識し、民族の違う者同士が話し言葉があれば、そういう不和は解消されるのではないかと考えた。

ザメンホフは多くの言語を習得し、その結果修得がほかの民族語より容易なエスペラントを発表したのである。その思想にロシアの文豪トルストイやフランスの作家ロマン・ロランらが共鳴したが、新渡戸稲造もザメンホフの理想に共鳴したひとりだった。稲造は昭和三（一九二八）年に刊行された『東西相触れて』で、「欲しきは世界語」と題し、エスペラントに共鳴したことを記している。

新渡戸稲造が生きた時代と、現代は遠く隔たっている。英語が深く浸透した現代、エスペラントを普及しようとする力は甚だ弱い。

とはいえ、稲造の名は「エスペラント界の恩人」として消えることなく、エスペラントの大会では何度もニトベシンポジウムが開催されている。

なお、稲造と親密な関係にあった柳田は一九二三（大正十二）年八月、国際連盟委任統治委員会委員を辞任する意向を示し、日本へ帰国した。柳田はフランス語や英語などに堪能だったが、外国人との対話に苦慮した他、「委任統治という組織が、妙に理屈倒れの人工的なもの」だったと述懐している（「ジュネーブの思い出」）。国際連盟の仕事に失望した柳田はジュネーブを去り、以後稲造と疎遠になった。

原敬と佐藤昌介の再会

稲造が世界エスペラント大会に出席したおよそ一カ月後、原敬は北海道で佐藤昌介と再会した。すでに紹介した通り、佐藤昌介は盛岡藩校作人館で原敬の同級生であり、新渡戸稲造の札幌農学校の一年先輩である。

原と昌介の関係は深い。昌介は明治十五（一八八二）年夏に私費でアメリカ留学をしたが、その際に原を頼っている。当時原は、大阪にあった『大東日報』で編集長をしていた。昌介は米国通信を送り、その原稿料を東京に残した妻子に届けるという約束を取り付けたのだったが、原が同年十一月井上馨の推薦で外務省御用掛公信局勤務になり、その約束は果たせなかった。だが、原は妻子を支援し続けた。それだけに、昌介は原に恩義を感じていたに違いない。

文中にあるように札幌農学校は北海道帝国大学に格上げされ、昌介は初代総長に就任したが、この件に原は大きく関わっていた。

前述したように、原敬内閣の功績の一つに、高等教育機関の充実が挙げられる。古河の資金で九州帝国大が開設されたほか、早稲田・慶応などの専門学校の多くが私立大学になるのも原敬内閣の時代である。

ワシントン会議の全権団を発表

原敬の政治路線は、一言でいうと対米協調である。

第一次世界大戦後、世界的に軍縮の気運が高まり、パリ講和会議に続き、ワシントン会議が開催されることが決まった。大正十（一九二一）年十一月十二日からの開催だが、九月二十七日会議に出席する全権団が発表された。同日の『原敬日記』には、こう記されている。

閣議（官邸）、ワシントン会議に出張すべき加藤徳川両全権其他随員等本日裁可を得て発表したり（世間では徳川の任命を以て頗る意外となしたり、乍去大体好評なりき）、米国の提案に係る会議の議題に付、太平洋は単に支那に限る事適当ならざれば其提議をなさんとの外装の提議ありしも次回に譲る事となせり。

大正天皇の裁可を得て、原は全権団を発表した。加藤友三郎海相、徳川家達貴族院議長、幣原喜重郎駐米大使らがメンバーだが、十六代様といわれた公爵徳川家達を選んだことに世間の注目が集まった。

　ワシントン会議でのテーマは海軍の軍備制限であり、アメリカ、イギリス、フランス、イタリア、日本が参加した。アジア・太平洋問題に関しては中国、ベルギー、オランダ、ポルトガルも加わった。

　原は前内閣である寺内内閣で臨時外交調査委員会委員となったが、その際もシベリア出兵反対の立場を取った。内閣総理大臣になってからも、その立場は変わらなかった。全権団は、大隈重信内閣が大正四年中国に対して突き付けた二一カ条の要求の修復を図り、対中国関係で既得権を譲歩することも原から託されていた。

　だが、ワシントン会議の成果を原は知ることができなかった。

第八章　原敬暗殺

原敬の遺書

ワシントン会議に参加する一行がワシントンに到着するとまもなく、原敬が暗殺されたことが伝えられた。

用意周到な原は、遺書を用意していた。遺書は浅夫人が原が亡くなった翌日（大正十年十一月五日）手文庫を開けて見たら見つかったもので、封筒が二つあり、一つには表書きに「死亡せば即刻開披すべし　浅殿　貢殿」と書かれていて、もう一つには「三通在中　葬式後浅　貢　誠立会にて開披すべし」と書かれていた。

貢はイギリス留学の途中であり、弟の誠、高橋光威書記官長立ち会いで開いてみると、次のように書かれていた。

一、死去の際位階勲章等の陞叙は余の絶対に好まざる所なれば死去せば即刻発表すべし

一、東京にては何等の式を営むに及ばず遺骸は盛岡に送りて大慈寺に埋葬すべし埋葬の方法は先ず古河端に送り日時を定めて夕刻内葬し更に日時を定めて本葬を営むこと——

一、墓石の表面には余の姓名の外戒名は勿論位階勲等も記すに及ばず

一、葬儀後各方面への寄附金等は大体母上の時の例を参酌決行すべし余は生前に於て出来得る限り夫々寄附の考なれば是れにて可なり

一、葬式の際儀仗兵などは無論に願ふべからず

等々

遺書の日付は大正十年二月二十日となっていた。暗殺される八カ月以上も前である。当時、政友会の会員が暗殺の噂が強まっているので、警備を厳重にするよう注意を促したが、原は運を天に任せているといって取り合わなかった。

その五日前、二月十五日には皇太子殿下の外遊を発表している。若い頃、パリの大使館で書記官などを務め、外国の事情に通じていた原は、これから天皇になる皇太子の見聞を広めるために外国体験が必要と考え、皇太子の外遊を決断した。

だが、皇太子の外遊には右翼が反対していた。

同日（大正十年二月二十日）の『原敬日記』は、次のように書かれている。脅迫状をも送りつけられたことがあったが、原の態度は泰然自若としていて、胆が据わっており、覚悟が伝わってく

る。

夜岡崎邦輔平岡定太郎各別に来訪、余を暗殺するの企ある事を内聞せりとて、余の注意を求め来る。余は厚意は感謝するも別に注意のなし様も之なし、又度々如此風説伝はり時としては脅迫状など来るも、警視庁などに送らずして其儘捨置く位なれば、運は天に任せ何等警戒等を加え居らざる次第なり、狂犬同様の者にあらざる限りは、余を格別悪むべき筈も之なしと思ふなり。

原敬暗殺

大正十（一九二一）年十一月四日午後七時二十五分、原は東京駅にいて、翌日京都で開催される政友会近畿大会に出席するため、午後七時発神戸行きの急行列車に乗り込もうとしていた。特別改札口に向かった原に、突然青年が襲いかかり、短刀で原を刺した。倒れた原を医師でもある代議士八木逸朗が検診したが、もはや手遅れだった。享年六十五歳。犯人の名は中岡艮一《なかおかこんいち》といった。

原は暗殺を覚悟していた。右翼の大物が暗殺を予告していたからだ。

同年三月三日、皇太子（後の昭和天皇）の外遊を決断し、実行に移したことで、暗殺の危険が強まっていた。

大慈寺にある原敬の墓。妻淺と同じ高さに並んでいる

外交官として世界を見て来た原は、見聞を広める必要を痛感し、後に天皇となる皇太子に命をかけて外遊を勧めたのだった。

原敬が亡くなったと聞いたワシントン会議全権団は、全員辞表を提出した。

後継の総理大臣に就任した高橋是清《たかはしこれきよ》の訓令により、予定通り全権団は会議に臨んだ。会議では、主力艦総トン数の保有比率が米・英五、日本三、仏・伊が一・六七と決められた。以後ワシントン体制としてしばらく、国際秩序が保たれることになる。

原の暗殺を新渡戸はジュネーブで聞いた。新渡戸は十一月五日の日記に、「原は暗殺されたか。逝ってしまったのか。有力な人物がまた倒れた。誰が彼に代わることができようぞ」と記し、同郷人原の死を悼んだ。新渡戸はすでに記した通り、自らが提唱した平民道の実践者として原に期待していた。

遺骸が原敬の自宅から盛岡へ

高橋光威からの電話で原の凶変を知った浅は、すぐに東京駅に駆け付けた。すでに原はこと切れていた。浅は周囲に群がる人々を静かにかき分けて遺骸に近づき、涙をこらえつつ傷口をアルコールで洗い、包帯を施した。シャツを元通りに直し、チョッキのボタンをかけた（前田蓮山『原敬伝』）。

その場に駆け付けた床次《とこなみ》内務大臣、野田通信大臣らは遺骸を官邸に送ろうとしたが、浅はそれを拒み、「亡くなればもはや官邸には用がない人ですから、自宅に送り届けたいと思います」ときっぱりと言い切った。原は浅に常々、「東京にては何等の式を営むに及ばず遺骸は盛岡に送りて大慈寺に埋葬すべし」と語っていたのだろう。

原の遺骸は芝の自宅に寝台人力車で送られた。

大正十（一九二一）年十一月七日午前、原の遺骸を乗せた霊柩車《れいきゅうしゃ》は芝の自宅を出発した。政友会本部での告別式を終え、数千人が見守る中、午後十時に上野駅を出発し、盛岡駅に向かった。

盛岡駅に霊柩車が着いたのは十一月八日午前十時過ぎだった。本宮青年団により霊柩車から降ろされた霊柩は安置場所に移された後、多くの盛岡市民が見守る中、古河端の別邸に到着した。

別邸は現在、ホテル東日本が建っている。明治四十二年七月、西園寺公望内閣の総辞職によって内務大臣を辞した原は、費用の都合で芝の別邸は改築するに留め、母が住んでいた近くの仁王小路に別邸を建てることにし、翌年完成したのである。

十一月九日の夕刻、浅や高橋光威ら近親者と共に棺は大慈寺に向かい、土に返った。

十一月十一日、葬列は別邸を出発し、大慈寺に向かった。各大臣、各宮家のほか多くの市民が参列した。読経、焼香の後弔辞の奉読があり、一般会葬者の焼香が黄昏時まで続いた。葬儀に会した僧侶が三百人、会葬者は六千余人に達し、盛岡では最大規模の葬儀となった。

原の墓は、遺言通り「原敬墓」とのみ記された、西園寺公望が揮毫《きごう》した。

大正十二年三月二日、原の一周忌を無事終えた四カ月後、浅が五十三年の生涯を閉じた。墓は原の隣に建てられ、「原浅墓」と記され、静かに眠っている。

原敬の句碑

北上市にある展勝地は桜の名勝地として知られ、桜の季節になると多くの人々でにぎわうが、現在この姿があるのは、原敬のおかげである。

元黒沢尻町長澤藤幸治は大正九（一九二〇）年十二月三十日、芝の自邸に原を訪ねた。展勝地を桜の名所とすべく、原の助力をお願いしたのである。賛同者や資金集めに奔走した澤藤は、総理大臣にまで昇りつめた原を頼った。

原はこの提案に応じ、翌年発起人澤藤幸治の働きを原の援助により、「和賀展勝地」が開園したのである（東京市技師井上清と三好学が設計）。

澤藤はその恩に報いようと展勝地に原敬を偲んだ句碑を建立しようと企画したが、昭和三十三（一九五八）年そのことを実現できずに他界した。

句碑は昭和三十七年、北上愛郷会と黒沢尻耕人会により、建設された。石碑には原の字で「麦青く　桃や桜の　旅路かな　敬」と刻まれている。

新渡戸稲造のその後

原敬が亡くなった後も新渡戸稲造は国際連盟事務次長を続けたが、大正十五（一九二六）年に帰国し、貴族院議員となった。

昭和四（一九二九）年には太平洋問題調査会の理事長に就任した。原敬と同様、新渡戸稲造は基本的に対米協調路線を提唱したが、昭和六（一九三一）年は満州事変が勃発し、日本は次第に戦争に巻き込まれていった。

昭和八年、稲造はカナダのバンフで開催された太平洋問題調査会会議に出席したが、途中で身体が悪くなり、十月十五日、ビクトリア市の病院で亡くなった。

教育者・国際人として世界平和に貢献したとして、昭和五十八（一九八四）年十一月、新五千円札の肖像となり、新渡戸稲造の名前は日本全国の人々に知られるようになった。

原敬・新渡戸稲造略年譜

年	原　敬	新渡戸稲造
1856（安政3）年	2月9日（新暦3月11日）、父直治、母リツの二男として生まれる。幼名は健次郎。	
1860（万延元）年	祖父直記死亡（75歳）。	
1862（文久2）年		8月8日（新暦9月1日）、父十次郎、母勢喜の三男として生まれる。幼名は稲之助
1865（元治2）年	父直治死亡（50歳）。	
1867（慶応3）年		父十次郎死亡。
1870（明治3）年	藩校作人館修文所に通い始める（約2年間）。佐藤昌介、田中舘愛橘らと出会う。	
1871（明治4）年	7月敬と改名。12月上京し、那珂通高宅に寄寓。	叔父太田時敏の養子となり上京。太田姓を名乗る。
1872（明治5）年	共慣義塾（約3カ月）、岸俊雄塾（数カ月）を経てマリン神学校に通う（11月から約1年5カ月）。	共慣義塾に学ぶ。
1873（明治6）年	4月12日洗礼（ダビデ・ハラ）を受ける。	
1875（明治8）年	6月30日、分家し平民となる。家紋を「三ツ割桜」とする。9月上京する。『原敬日記』を書き始める。	東京外国語学校（後の東京英語学校）に入学。佐藤昌介と一緒に暮らす。
1876（明治9）年	9月5日、司法省法学校に入校。104人中2番の成績。	

1877(明治10)年		札幌農学校に二期生として入学。
1879(明治12)年	2月8日、司法省法学校を賄征伐事件に関係して退学。11月16日、『郵便報知新聞』記者となる(約二年三カ月)。	
1880(明治13)年		母勢喜死亡。
1881(明治14)年		札幌農学校卒業。開拓使御用掛となる。
1882(明治15)年	1月26日、郵便報知新聞社を退社。4月、大阪『大東日報』主筆となる(10月31日帰京)。8月6日〜15日、井上馨外務卿と馬関へ同船。11月21日、井上馨外相の下で太政官御用掛兼外務省御用掛公信局に勤務(約九カ月)。	
1883(明治16)年	7月14日、文書局勤務。11月26日、天津領事を拝命(〜明治18年7月)。	開拓使を退き、東京大学に入学。
1884(明治17)年		東京大学を退学し、佐藤昌介に誘われて米ジョンズ・ポプキンス大学に入学。
1885(明治18)年	5月9日、パリ公使館書記官拝命。	
1886(明治19)年	7月23日、パリ公使臨時代理(約一年間)。	クエーカー教徒となり、メリー・エルキントンと出会う。
1887(明治20)年		在米中佐藤昌介の尽力で札幌農学校助教となり、ドイツに留学、ボン大学やハレ大学に学ぶ。

1889（明治22）年	4月27日、井上馨農相の下で農商務省参事官拝命。	長兄七郎の死去に伴い、新渡戸姓に復す。
1890（明治23）年	1月13日、岩村大臣秘書官。 5月20日、陸奥大臣秘書官（約一年十一カ月）。 7月11日、参事官兼任。	ハレ大学よりドクトル・フィロソフィの学位を受ける。
1891（明治24）年	8月16日、大臣官房秘書課長。	フィラデルフィアでメリー・エルキントンと結婚し、直ちに帰国。札幌農学校教授となる。
1892（明治25）年	3月9日、陸奥大臣と共に退官。 8月13日、外務省通商局長（約二年十カ月）。 9月6日、取調局長兼務（〜明治26年11月9日）。	1月19日男子遠益が生まれたが、八日後に死亡した。
1894（明治27）年		亡くなった遠益の一字を取って、貧しい子女のために遠友夜学校創設。
1895（明治28）年	5月22日、外務次官（約一年一カ月）。	
1896（明治29）年	6月11日、朝鮮駐剳特命全権大使（約九カ月）。	
1897（明治30）年	9月16日『大阪毎日新聞』編集総理（約一年間）。	病気のため札幌農学校を退職。
1898（明治31）年	9月17日『大阪毎日新聞』社長（約二年二カ月）。	伊香保温泉で『農業本論』を執筆。

1899(明治32)年		親友の佐藤昌介とともに、日本で初めて農学博士の学位を受けた。
1900(明治33)年	第四次伊藤博文内閣逓信大臣(約六カ月)。南部家家令に再び就任した太田時敏との交際が生じはじめる。	渡米し、英文で『武士道』を出版。「我が愛する叔父太田時敏にこの小著をささぐ」と献辞。
1901(明治34)年	7月11日、大阪北浜銀行頭取。(約一年六カ月)	帰国し後藤新平と出会い、台湾総督府の技師となる。
1902(明治35)年	8月10日、衆議院議員初当選。	
1903(明治36)年	2月20日、大阪新報社長(約二年十一カ月)。	後藤新平の推薦で京都帝国大学教授となる。
1905(明治38)年	4月1日、古河鉱業副社長(約十カ月)。	
1906(明治39)年	1月7日、第一次西園寺公望内閣内務大臣(約二年七カ月)。原は後藤新平を初代満鉄総裁に任命。	第一高等学校の校長兼東京帝国大学農科大学教授となる。
1907(明治40)年		台湾総督府の任を終えて帰国。講演「地方の研究」を行い、この講演に柳田國男が感銘を受ける。
1908(明治41)年	1月14日、逓信大臣兼務(〜3月25日)。8月24日、欧米視察(約六カ月)。	
1909(明治42)年		東京帝国大学法科大学教授を兼ねる。

1910（明治43）年		新渡戸邸で「郷土会」が始まる（1919年まで）。柳田國男らが参加。
1911（明治44）年	5月9日、北清満韓視察（〜5月30日） 8月30日、第二次西園寺公望内閣内務大臣、鉄道員総裁兼務（約一年四カ月）。 10月、『南部史要』刊行。	第十回日米交換教授として渡米。
1913（大正2）年	2月20日、第一次山本権兵衛内閣内務大臣（約一年一カ月）。 11月22日、大礼使長官。	第一高等学校高校長辞任。
1914（大正3）年	6月18日、第三代政友会総裁（約七年六カ月）。	
1915（大正4）年		叔父の太田時敏が七十六歳で死去。
1917（大正6）年	内務大臣後藤新平より臨時外交調査会委員（大臣待遇）に任命される。 9月8日、戊辰戦争殉難者五十年祭。	
1918（大正7）年	9月29日、第十九代内閣総理大臣に就任（約三年二カ月）。	東京女子大学初代学長となる。
1919（大正8）年	9月29日、司法大臣兼務（約一年八カ月）。 徳川家達と折り合いが悪かった貴族院書記官長・柳田國男を罷免した（柳田は12月に辞任）、その代償として『東京朝日新聞』を柳田に世話した（翌年8月に入社）。	後藤新平と欧米視察旅行に出発、そのまま欧州に留まる。

1920（大正9）年		国際連盟事務次長となる。
1921（大正10）年	10月12日、海軍大臣（事務管理）兼任（～11月4日）。 11月4日、東京駅丸の内南口にて暗殺される。 11月11日、盛岡の大慈寺で本葬。	柳田國男を国際連盟委任統治委員会委員に推薦する。
1926（大正15）年		国際連盟事務次長を辞任し帰国、貴族院議員となる。
1929（昭和4）年		太平洋問題調査会の理事長となる。
1933（昭和8）年		カナダ・バンフでの第五回太平洋会議に出席、病気となり、ビクトリア市の病院で死去（10月15日）。

『原敬と新渡戸稲造』主要参考文献

阿辻哲次『漢字の字源』講談社　一九九四年

一ノ倉則文編『用語　南部盛岡藩辞典』東洋書院　一九八四年

伊藤孝「新渡戸稲造と先祖の地」（『新渡戸稲造研究』第十二号所収）新渡戸基金　二〇〇三年

岩手日報編集局『庭園物語』岩手日報社　一九五四年

岩手放送岩手百科事典発行本部編『新版　岩手百科事典』岩手放送　一九八八年

内川永一朗「バルト海から未来を照らす光明―新渡戸精神」（『新渡戸稲造研究』第一四号所収）
　新渡戸基金　二〇〇五年

内川永一朗『晩年の稲造』岩手日報社　一九八三年

内川永一朗『余聞録「新渡戸稲造」』岩手日報社　一九八五年

内川永一朗『デモクラシー　原敬と新渡戸稲造』新渡戸基金　一九九八年

内川永一朗・小森一民『新渡戸稲造年譜』盛岡新渡戸会　一九七六年

及川和男『戊辰幻影』れんが書房新社　二〇一五年

浦田敬三・藤井茂『いわて人物ごよみ３６５人　新訂版』熊谷印刷出版部　二〇〇六年

大島英介『小田為綱の研究』久慈市・熊谷印刷出版部　一九九五年

岡崎久彦『陸奥宗光とその時代』ＰＨＰ研究所　一九九九年

岡村民夫・佐藤竜一『柳田国男・新渡戸稲造・宮沢賢治―エスペラントをめぐって』日本エスペラント学
　会　二〇一〇年

岡村民夫『柳田国男のスイス』森話社　二〇一三年

小田部雄次『華族』中央公論新社　二〇〇六年
川田稔『原敬と山県有朋』中央公論社　一九九八年
河西英通『東北――つくられた異境』中央公論新社　二〇〇一年
河西英通『続・東北――異境と原境のあいだ』中央公論新社　二〇〇七年
木村幸治『原敬日記をひもとく　本懐・宰相原敬』熊谷印刷出版部　二〇〇八年
佐々木篁『アメリカの新渡戸稲造』熊谷印刷出版部　一九八五年
「シリーズ偉大な日本人　新渡戸稲造」宝島社　二〇〇六年
佐藤全弘・藤井茂『新渡戸稲造事典』教文館　二〇一三年
佐藤全弘「新渡戸稲造の平和」（『新渡戸稲造研究』第二三号所収）新渡戸基金　二〇一四年
佐藤みさ子『アクティブ（活動的）な青年　新渡戸稲造』新渡戸基金　二〇〇〇年
佐藤竜一『世界の作家　宮沢賢治』彩流社　二〇〇四年
佐藤竜一『盛岡藩』現代書館　二〇〇六年
佐藤竜一『それぞれの戊辰戦争』現代書館　二〇一一年
佐谷眞木人『民俗学・台湾・国際連盟』講談社　二〇一五年
篠原初枝『国際連盟』中央公論新社　二〇一〇年
渋沢雅英「新渡戸稲造と渋沢栄一」（『新渡戸稲造の世界』第18号所収）新渡戸基金　二〇〇九年
志村史夫『いま新渡戸稲造「武士道」を読む』三笠書房　二〇〇三年
季武嘉也『原敬　日本政党政治の原点』山川出版社　二〇一〇年
須知徳平『新渡戸稲造の生涯』熊谷印刷出版部　一九八三年
高野豊四郎『評伝　那珂梧楼』私家版　二〇〇八年

高橋文彦『颯爽と清廉に・原敬（上）（下）』 原書房 一九九二年
高橋文彦『岩手の宰相〈秘話〉』 岩手日報社 一九九七年
高柳光寿・竹内理三編『角川日本史辞典』 角川書店 一九六六年
長岡高人編『もりおか物語（六）―鉈屋町かいわい』 熊谷印刷出版部 一九七六年
新渡戸仙岳『仙岳随談』 熊谷印刷出版部 一九九一年
新渡戸稲造著、竹内均解説『いま自分のために何ができるか』 三笠書房 一九九二年
新渡戸稲造著、奈良本辰也訳『武士道』 三笠書房 一九九三年
新渡戸稲造『東西相触れて』 たちばな出版 二〇〇二年
新渡戸稲造著、加藤武子訳『幼き日の思い出』 新渡戸基金 二〇〇七年
新渡戸稲造著、渡邊毅編訳『自警』 ＰＨＰ 二〇〇八年
新渡戸稲造会『太平洋の橋』 バックナンバー
花巻新渡戸記念館『太田時敏展図録』 ほか
原敬記念館『原敬の足跡』 ほか原敬研究資料
原奎一郎編『原敬日記』 全五巻 福村出版 一九六五年
原奎一郎『ふだん着の原敬』 毎日新聞社 一九七一年
原奎一郎『原敬』 大慈会原敬遺徳顕彰会 一九七六年
原敬『海内周遊日記』 大慈会原敬遺徳顕彰会 二〇〇〇年
福田和也『総理の値打ち』 文藝春秋 二〇〇五年
福田和也『教養としての歴史 日本の近代（上）』 新潮社 二〇〇八年
福田和也『大宰相・原敬』 ＰＨＰ研究所 二〇一三年

平野恵一『高平小五郎―ワシントンからの報告』富英社　二〇一一年
藤井茂『北大の父　佐藤昌介　北の大地に魅せられた男』岩手日日新聞社　二〇〇六年
藤井茂『新渡戸稲造75話』新渡戸基金　二〇一一年
藤井茂『続新渡戸稲造75話』新渡戸基金　二〇一二年
星新一『明治の人物誌』新潮社　一九九八年
堀内正己『みちのくの霧―南部百姓一揆始末記―』彩光社　一九八〇年
前田蓮山『原敬伝』高山書院　一九四三年
前田蓮山『原敬』時事通信社　一九五八年
松本清張『史観宰相論』文藝春秋　一九八五年
松本清張『象徴の設計』文藝春秋　二〇〇三年
松本健一『原敬の大正』毎日新聞社　二〇一三年
盛岡市先人記念館『第49回企画展図録　葛西萬司』盛岡市先人記念館　二〇一三年
森義真「啄木と原敬」（国際啄木学会盛岡支部会報第二十四号所収）二〇一五年
森ノブ・多田代三『盛岡市の歴史（下）』熊谷印刷出版部　一九九二年
山本四郎『評伝原敬　上・下』東京創元社　一九九七年
吉田義昭編『南部盛岡藩家士・諸職人総録』郷土史叢刊行会　一九七六年
吉田義昭・及川和哉編『図説盛岡四百年下巻〔Ⅰ〕』郷土文化研究会　一九九一年
歴史読本編集部編『日本の華族』新人物往来社　二〇一〇年

おわりに

本書は原敬と新渡戸稲造の関係に焦点を当て、二人の生涯を記したものです。年齢は原が新渡戸より六歳上で、ほぼ同時代を生きましたが、これまで二人の関係を記した本はほとんどありませんでした。膨大な人物が登場する『原敬日記』に、新渡戸がわずか二回しか登場しないことが影響している、といってよいでしょう。

そこで、本書では原と新渡戸との関係が深い佐藤昌介、太田時敏、後藤新平、柳田國男といった人々の足跡を書き込むことで、二人の関係性を浮かび上がらせようと試みました。本書を書き終えて、このふたりが実は密接に結びついていて、共にお互いを意識しながら生きていたことを確認できました。

原と新渡戸の足跡は異なりますが、ふたりとも盛岡藩で大きな働きをした家系の下に生まれ、上京し、戊辰戦争の敗北をバネに努力を重ね実績を積み上げていったという共通点があります。

本文に記しましたが、ほかにも共通点を見い出すことができます。たとえば、共に父を幼くして失い、母に育てられた点。二人の母は父の不在を補うべく多大な愛情を息子に注ぎ、まっとうな人間にするために、叱咤激励しました。そうした母の存在が、どれだけ二人の励みになったことか。

また、原と新渡戸には語学力を武器にして人生を切り拓いていったという共通点もあります。原はフランス語、新渡戸は英語という違いはありますが、明治維新以来、国際社会で生きることを余儀なくされた日本で、ふたりの才能は十分に生かされたのです。

多面性があり、なかなか枠にはめることができない点も、原と新渡戸の魅力です。原は東北出身者としては初めての内閣総理大臣に就任し、政治家とした大成しましたが、若い頃は新聞記者や外交官をしていました。そうした体験がスケールの大きな政治家となった要因といってよいでしょう。

一方、農学者・教育者として知られる新渡戸ですが、有能なエッセイストでもありました。『武士道』『修養』『自警』など、新渡戸のエッセイはわかりやすく、今でも多くの読者に親しまれています。

原敬は一九二一年に亡くなり、新渡戸稲造は一九三三年に亡くなりました。死後ずいぶんになるのですが、今日でも二人は忘れ去られてはいません。ふたりの足跡はなお、国際社会に生きる私たちに示唆を与えてくれているのです。本書がふたりについて知るきっかけとなれば、著者としてうれしい限りです。

執筆に当たり、多くの書籍を参考にさせていただきました。特に私が編集に携わった元原敬記念館館長・木村幸治さんの著書『原敬日記をひもとく　本懐・宰相原敬』や新渡戸基金の内川永一朗さん、藤井茂さんの著書からは多くのことを学ばせて頂きました。それらの著者の方々、展示資料を参考にさせていただいた原敬記念館、盛岡先人記念館、花巻新渡戸記念館の関係の方々に感謝いたします。最後に『盛岡藩』『それぞれの戊辰戦争』に続き、本書を世に送り出していただいた現代書館の菊地泰博さんにも厚くお礼申し上げます。

佐藤　竜一

二〇一六年十月

佐藤竜一（さとう・りゅういち）

一九五八年岩手県陸前高田市生まれ。一関第一高等学校、法政大学法学部卒業を経て日本大学大学院博士課程前期（総合社会情報研究科）修了（国際情報専攻）。岩手大学で「日本の文学」を教える。

著書『黄瀛—その詩と数奇な生涯』（一九九四年、日本地域社会研究所）／『宮沢賢治の東京—東北から何を見たか』（一九九五年、日本地域社会研究所）／『日中友好のいしずえ—草野心平・陶晶孫と日中戦争下の文化交流』（一九九九年、日本地域社会研究所）／『世界の作家　宮沢賢治—エスペラントとイーハトーブ』（二〇〇四年、彩流社）／『宮澤賢治　あるサラリーマンの生と死』（二〇〇八年、集英社）／『盛岡藩』（二〇〇六年、現代書館）／『変わる中国、変わらぬ中国—紀行・三国志異聞』（二〇一〇年、彩流社）／『それぞれの戊辰戦争』（二〇一一年、現代書館）／『石川啄木と宮沢賢治の人間学』（二〇一五年、日本地域社会研究所）／『海が消えた　陸前高田と東日本大震災』（二〇一五年、ハーベスト社）／『宮沢賢治の詩友・黄瀛の生涯』（二〇一六年、コールサック社）

原敬《はらたかし》と新渡戸稲造《にとべいなぞう》
——戊辰戦争敗北《ぼしんせんそうはいぼく》をバネにした男《おとこ》たち

二〇一六年十一月三十日　第一版第一刷発行

著者　佐藤竜一
発行者　菊地泰博
発行所　株式会社 現代書館
東京都千代田区飯田橋三—二—五
郵便番号　102-0072
電話　03(3221)1321
FAX　03(3262)5906
振替　00120-3-83725
組版　具羅夢
印刷所　平河工業社（本文）
東光印刷所（カバー）
製本所　積信堂
装幀　伊藤滋章

校正協力・高梨恵一
 ISBN978-4-7684-5796-2